행운을 불러오는
셀프 풍수 인테리어

풍수로

디자인하다

이다경 지음

헤르몬
HERMONHOUSE

행운을 불러오는 셀프 풍수 인테리어

풍수로 디자인하다

초판발행 2021년 12월 24일
초판 3쇄 2023년 03월 31일

지은이 이다경
펴낸이 최영민
펴낸곳 헤르몬하우스
인쇄 미래피앤피
주소 경기도 파주시 신촌로 16
전화 031-8071-0088
팩스 031-942-8688
전자우편 hermonh@naver.com
등록일자 2015년 3월 27일
등록번호 제406-2015-31호

ISBN 979-11-91188-55-4 (13180)

만물의 기운이 왕성한 신축년 추절에 젊음을 동양학 연구에 정진한 지경 이다경 교수의 좋은 〈셀프 풍수 인테리어〉의 출간에 동문수학한 선후배는 물론 제자들도 한결같이 기뻐하며 나 역시 선학자의 외로운 길을 걷고 있는 지경 이다경 교수의 노고에 함께 기뻐하고 축하하는 바이다. 이다경 교수는 청운풍수지리학회의 교수회 위원으로서 릴리안 투 양택을 처음부터 사사하였고 동국대, 동방대에서 사주명리와 관상, 성명학 등 학업의 끈을 놓지 않고 유튜브 '희망나무TV'도 운영하면서 교수로서도 열심히 현장에 임하고 있다.

이번 저서에서는 풍수의 기본구성과 타고난 선천운의 개운, 상생을 위한 양택풍수의 배치, 재물운과 건강운을 부르는 생활풍수편과 더불어 사람이 살아서나 죽어서도 머리를 두지 말아야 할 방향에 관한 회두극좌, 그리고 공통 관심사인 명당에 관해 저술하였다. 물론 초보자도 읽고 이해하기 쉽도록 집필하였으니 출간을 기다리는 마음은 모두가 같을 것이다.

모든 학문의 발전이 그러하듯이 이 한 권의 책이 풍수 발전에 밑거름이 될 것이라고 확신하며 앞으로도 더욱 연구 정진하여 동양학의 발전과 청운풍수지리학회 발전의 밑거름이 되기를 진심으로 바라는 바이다.

반백의 세월을 동양학 연구에 힘써 이제 그 연구하고 노력한 이다경 교수의 결실에 청운풍수지리학회 교수회와 더불어 모든 도반들은 지경 이다경 교수의 새로운 첫 매듭의 발걸음에 행운과 건승을 함께 기원하는 바이다.

대한풍수연구학회, 대한풍수명리총연합회, 한국동양운명철학인협회, 한국동양미래학회. 청운부동산풍수지리학회, 청운풍수지리학회장, 연천군의료원장(법학석사, 의학박사, 자연치유학박사)

辛丑年 秋節 한탄강가에서 청운 최병룡

옛말에 강산은 만고의 주이며 인생은 백년지객이라 하였다. 즉 강산은 영원한 주인이며 인생은 백년동안 살다가 가는 손님(빈객)이라는 것이다. 따라서 인생은 자연에서 와서 자연에서 살다가 자연으로 돌아가는 것이다.

인류문화가 시작될 때부터 주거문화가 발생 되었으며 인류의 지혜가 발달하면서 어떠한 곳에 어떠한 구조의 집을 지어야 바람을 막아 아늑하고 물을 얻어 생활하기 편리한가를 연구한 것이 풍수지리학 중 양택가상학이다.

양택가상학 이론 중에 가장 오래된 이론서로 알려진 〈황제택경〉에는 "땅이 선하면 묘가 왕하고, 집이 길하면 사람이 흥한다."는 글이 있다. 또 영국의 수상 처칠은 "사람은 집을 짓고 집은 사람을 만든다."라고 하였다. 사람의 생김새로 그 사람의 운명과 운세를 예측하는 것이 인상학이라면 오늘날 풍수지리학의 근원인 양택가상학은 집의 생김새를 보는 것이다.

가상학이란 음양오행 학설에 바탕을 두고 에너지의 길흉관계가 있다고 보는 집의 위치, 구조, 색깔 등을 가리키며 혹은 그러한 것을 보고 집의 길흉을 판단하는 학문이다. 이에 현겸 이다경 선생께서 다년간 연구해온 양택가상학은 명당입지를 찾는 일부터 시작하여 방위와 모형, 색상, 인테리어와 양택 구조는 물론, 특히 사람마다 각자가 타고난 명조에 따라 길하고 흉한 방위를 반안살과 회두극좌 비법으로 공개하였다.

누구나 알기 쉽게 '개운선도' 하는 이정표를 공유하기 위하여 그동안 '희망나무TV'에서 방송되었던 내용을 비롯해 양택가상학의 모든 정수를 독자와 후학들을 위하여 총정리한 비전 〈셀프 풍수 인테리어〉를 편찬하게 된 것을 진심으로 경하하는 바이다.

만인이 셀프 풍수 인테리어를 실생활에 적용하여 운명개척의 지침서가 되리라 확신하며, 이를 열독하고 실행하면 국리민복에도 크게 기여할 것으로 믿어 의심치 않는 바이다. 강호 제현의 보다 많은 애독이 있기를 강력히 희구하는 바이다.

사단법인 한국동양운명철학인협회, 학술단체 동양철학회 중앙회장, 명예철학박사 청송학

2021년 신축년 만추절 청송학 노승우 근식

추천사 의뢰를 받고 한동안 이다경 선생에 대한 생각을 해 보았다. 오랜시간 동안 선생은 밤을 낮 삼아 학문에 정진하고 긴 안목을 가지고 열공하던 모습이 주마등처럼 스쳐 갔다. 풍수 · 명리 · 성명학 등 여러 역학을 두루 섭렵하신 이다경 선생께 우선 축하와 격려의 말씀을 전한다.

현재 사회는 코로나 19로 인해 경제 및 현대인들의 실생활에 전례 없는 영향을 미치고 있다. 미래학자 제이슨 솅커는 그의 저서 〈코로나 이후의 세계〉에서 코로나 19 경험이 미래의 직업 · 교육 · 건강관리 등을 포함해 중요한 분야와 질병 분야 등에 대한 장기적 영향과 그로 인해 변화하게 될 미래를 예측했다. 코로나 19의 영향은 앞으로도 수십 년에 걸쳐 좋든 나쁘든 그림자를 드리울 수 있다는 생각이다.

이제는 과거와 달리 의 · 식 · 주에 대한 긴박하고 각박한 생활이 아닌 어떻게 생활하는가 하는 라이프스타일의 패러다임을 새롭게 제시하는 삶의 지침서가 필요하다. 우리는 먼 미래에 더욱 중요해질 것들이 무엇인지 아는 만큼이나 머지않은 미래에 가장 중요한 것이 무엇인지가 아는 것이 중요할 것이다.

이다경 선생은 유튜브 '희망나무TV'를 통해 다른 곳에서는 듣고 느낄 수 없는 주옥 같은 명강의로 25만 이상의 구독자를 보유한 프리미엄급 스타강사이기도 하다. 아마도 선생의 생생한 강의가 구독자들의 열화와 같은 성원으로 이 책이 탄생되었을 것으로 안다. 같은 도반으로 때로는 선배의 입장에서 뿌듯하고 기쁜 마음으로 이다경 선생의 출판에 경의를 보낸다. 세상에는 많은 사람들이 각자의 삶을 영위해 살아가지만 이다경 선생처럼 많은 이들의 정신적, 정서적으로 조화로운 학문을 펼쳐 나가는 이는 많지 않으리라 생각된다. 선생의 선행은 이 세상을 위한 많은 복을 짓는 자선이며 참으로 바람직하고 뿌듯하기도 하다.

아울러 좋은 생활 안내서인 〈셀프 풍수 인테리어〉를 집필해주신 이다경 선생께 감사와 함께 노고를 치하드리며, 이 책이 이런 어려운 시기에 어떻게 살고, 어떤 것이 풍수의 기(氣)를 받는 것인가에 대한 삶의 질과 양을 결정하는 매우 중요하고 실생활에 꼭 필요한 지침서가 되리라 확신한다.

신축년 무술월 기해일, 계룡산 아랫자락에서 상명대 대학원 외래교수 동양학박사 안희성

풍수 인테리어란

사람들의 건강한 삶은 풍수지리와 매우 밀접한 관계가 있습니다. 우리나라의 전통사상인 풍수지리설에 의하면, 산과 물, 그리고 집을 어떻게 배치하느냐에 따라서 인간의 길흉화복이 바뀐다고 합니다. 이러한 풍수지리 사상을 집안의 인테리어에 적용시킨 것이 현대의 '풍수인테리어'입니다.

양택삼요 – 건물의 중요한 세 군데(현관문, 침실, 주방)

출입문의 위치에 따라 양택 24방향 중 8방향을 사용하여 집안의 내부구조를 바꿔서 삶에 생기(生氣)를 불어넣어 주는 것이 풍수 인테리어의 목적입니다.

사람들은 시, 분, 초 단위로 움직이는 공간 속에서 살아가며, 그 공간속에서 행동하는 모든 것이 기운(氣運)으로 바뀝니다. 그런 공간을 우리는 풍수 인테리어를 활용해서 생기 있는 기운으로 바꿔 주어야 합니다.

공간과 에너지를 움직여 기운을 바꾸는 방법!!

내부구조도에서 공간을 어떻게 배치하느냐에 따라 건강과 번영에 영향을 주어서 재물과 좋은 기운을 가져다주기도 하고, 또는 그 반대의 기운을 가져오기도 합니다.

셀프로 풍수 인테리어를 적용해서 내부구조를 새롭게 단장하고 바꾸어 건강과 재물, 행운을 가져다준다면 그것만큼 좋은 것이 어디 있을까요?

운명은 스스로 지혜롭게 개척해 나가는 것입니다.

이에 독자분들이 생활하고 있는 공간을 재물과 건강이 넘치는 기운으로 바꿔줄 수 있는 방법을 전달하고자 이 책을 준비하였습니다.

한 권의 책에 모든 것을 담을 수는 없지만, 스스로 생기있는 공간으로 꾸미고 생활하실 수 있도록 꼭 필요한 내용만을 모아서 수록하였으니, 풍수를 활용하여 개운의 힘으로 운명을 개척하시는데 작으나마 도움이 되시기를 바랍니다.

숙명은 개운을 부르고, 개운은 숙명을 다스린다!

 희망나무tv 이다경

PART 01 풍수의 기본구성

PART 02 타고난 선천운(숙명)을 개운시켜줄 생활 풍수

SECTION 01 생기를 불어 넣어줄 색상 풍수 ·66

SECTION 02 기운을 살리는 숫자 풍수 ·75

CONTENTS

PART 05 지갑 풍수

PART 06 반안살과 회두극좌

PART 07 명당이란?

PART 08 유튜브 ▶ 희망나무TV

행운을 불러오는 셀프 풍수 인테리어

풍수로 디자인하다

PART

01

풍수의 기본구성

풍수 알아보기

풍수지리(風水=동양)와 인테리어(interior=서양)가 합쳐진 풍수인테리어는 생기 넘치는 삶을 추구하는 현대인의 주거공간에 외면할 수 없는 필수 요소가 되었다.

풍수인테리어란 자연환경을 바탕으로 바람과 물을 적절하게 이용하여 삶의 질을 향상시키고 사람이 살아가는데 의식주를 해결하거나 일하는 공간을 평안함과 안정감을 줄 수 있는 기운으로 바꾸어 건강운과 재물운을 불러들이는 후천수 개운법으로 풍수는 이 땅을 살아온 사람들의 경험을 바탕으로한 통계학이며 자연과학이다.

풍수 경전 [청오경(靑烏經)]에서

"陰陽符合 天地交通 內氣萌生 外氣形成 內外相乘 風水自成"

"음양이 부합하고 천지가 서로 통하며 땅속의 기는 생명을 싹틔우고 땅 위의 기는 형체를 이룬다. 이렇게 땅속의 기와 땅 위의 기가 서로 작용하면서 풍수는 자연스럽게 이루어진다."

※ 한나라 때 '청오자' 라고 알려진 어떤 성명 미상의 사람이 쓴 것으로 되어 있음.

풍수지리란 음양오행을 기반으로 바람과 물을 활용하고 지형과 공간의 이상적인 결합을 통해 삶의 안정성을 이루는 것이다. 현상과 시간을 활용하여 합리적인 삶을 영위하며, 땅의 길흉이 인간의 생활에 영향을 미친다는 지리적인 현상을 체계화한 전통적인 논리이다.

풍수는 본래 일상적이고 평범한 생활공간을 대변해왔다. 점차 인간 중심적 공간을 위한 현대의 도시환경과 현대인들의 개념에 맞춰 구체적으로 좋은 땅을 고르고 그 땅 위에 건물을 짓는 방법으로 활용되면서 인간 중심으로 설계하고 인간의 삶을 윤택하게 하는 방향으로 진화하고 있다.

하늘과 땅의 기운이 사람을 만들고, 사람 안에는 천지가 모두 있으므로 하늘 기운을 바람, 땅의 기운을 물로 보아 지구상에 존재하는 풍(風)과 수(水)는 존재의 근원이 된다. 하늘 기운은 가두어 온화하게 하고 물의 기운은 뭉치게 하여 형체를 만들어 장풍득수(藏風得水)*의 기초이론이 되니, 바람과 물은 분리되어 있는 것이 아니고 상호 간에 영향을 미친다.

풍수의 기본 논리는 일정한 경로를 따라 땅속을 돌아다니는 생기를 사람이 접함으로써 복을 얻고 화를 피하자는 것이다. 사람의 몸에는 혈관이 있고 이 혈관을 따라 영양분과 산소가 운반되는 것처럼 땅속에도 생기의 길이 있으므로 그 생기를 찾아 우리의 생활에 활용하는 것이다. 풍은 기후와 풍토를 지칭하며, 수는 물과 관계된 모든 것을 가리킨다. 이를 바탕으로 풍수지리는 대략 음택(묘지)풍수, 양택풍수, 양기풍수, 비보풍수의 네 가지로 분류한다. 다음은 각 풍수에 대해 알아보자.

음택(陰宅=묘지)풍수

죽은 사람의 안장지(安葬地)로서 수명을 다한 조상님의 시신을 생기가 있는 땅에 모시고 그 생기가 자손에게 전달되어 무탈하게 복을 받고 살아가는 것으로, 음택은 조상의 집이라고 할 수 있다.

---

* 장풍득수(藏風得水) : 바람은 감추고 물은 얻는다는 뜻

호순신의 '지리신법'이란 풍수서를 보면, 조선 초기 태조 이성계가 도읍지를 계룡산으로 정했을 때 당시 경기관찰사 하륜이 계룡산 도읍지 불가론을 관철시킨 근거가 되었던 것이 바로 이 지리신법이란 풍수서였다.

풍수 이론은 크게 형세론(形勢論)과 방위론(이기론 · 理氣論)으로 나뉘는데, 지리신법은 후자에 속한다. 터가 육안으로 보아 균형과 조화를 갖추었는지를 따지는 것이 형세론으로, 형세론에 부합한 뒤에 무덤의 좌향을 살피는 것이다. 지리신법의 저자 호순신도 형세론을 전제로 하여 방위론을 따져야 한다고 했다.

다시 말해서 조상의 묘를 어느 곳에 모시느냐에 따라 자손의 길흉화복과 관계가 있다고 볼 수 있는데... 조상님을 모신 묘지터가 모실 당시에는 명당자리였다고 하더라도 주변의 땅 모양이 변하고 산이 깎이고 건물이나 아파트가 들어서면서 그 묘지 자리는 더이상 명당이 아닌 흉당이 되기도 한다. 왜냐하면 묘지의 주변 환경이 원래대로 보존되지 않는 한 나중에 생긴 건물이나 도로등이 묘지터를 잡는데 기준이 되기 때문이다.

요즘은 조상님들을 화장하여 납골당에 모시는 사람들이 많아졌다. 그 이유는 산을 깎고 큰 건물이나 아파트가 들어서면서 조상의 묘를 편안히 안장할만한 명당을 찾기도 힘들어진 데다, 바쁜 일상에 묘지를 관리하기도 어려워졌기 때문에 화장하여 납골당에 모시는 장례문화로 많이 바뀌고 있다.

(출처 : 경북 김천 연안 이씨 집성촌)

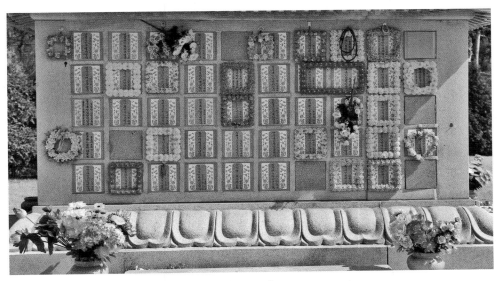

[납골당]

※ 장례문화가 묘지 안장에서 납골당으로 모시는 방법으로 바뀌고 있다.

[풍수지리 용맥도(龍脈圖)]

태조산

증조산

주산

입수룡

현무봉

입수

태극운

種

특수처

선익사

백호

상수

파구

안산

외파구

穴

입수도두

백호

합수처

청

대강수

朝山

풍수지리에서는 산맥이나 산의 능선을 용(龍)이라 부르고 이 용을 주룡(主龍), 내룡(來龍), 용맥(龍脈)이라고 부르며 토지나 건물 묘지 등의 입지 선정에 활용한다. 풍수지리학에서의 주룡은 많은 산맥이나 능선 중에서 혈(穴)이나 집터, 묘지 같은 능선만을 말한다.

양택(陽宅)풍수

지기(地氣), 천기(天氣), 물기(物氣)를 활용하여 가족구성원이 행복하게 살아갈 수 있도록 집의 용도에 맞게 건축의 구조, 형태, 장식, 평면, 내부 배치까지 모두 가족의 기운에 맞추어 생기 있고 풍요로운 집으로 바꾸어 그 터에 살고 있는 사람들이 건강한 삶을 살아갈 수 있도록 환경을 만들어 주는 것이다.

가족들이 살아가는 주거공간과 직원들이 모여서 일을 하는 업무공간을 양택풍수로 배치해서 재물운과 건강운을 끌어오는 공간으로 만들어주어야 한다. 주택이나 아파트의 현관부터 거실의 가구 배치, 침실 인테리어, 침대머리 방향, 공부방 책상방향, 풍수그림, 풍수액자, 재물 불러오는 소품, 행운 가져오는 색상풍수, 여러 가지 나쁜 기운을 막아주는 비보풍수 등으로 생기가 넘치는 집안을 꾸민다.

그곳에서 생활을 하는 가족이 모두 건강하고 풍요로운 삶을 살도록 만들어 긍정적 효과와 좋은 영향을 줄 수 있는 양택으로 만들어주는 것이라고 할 수 있는데 양기와 양택의 개념에서 바탕과 건조물이라는 차이가 있다. 양기는 터를 이야기 하고 양택은 지어진 건물을 말한다.

'부자가 될 터와 부자가 사는 터는 다르다.' 풍수 격언이다.

부자가 되면 재력과 권력이 비슷한 사람들이 모여 사는 부촌으로 옮겨가게 된다. 서울에는 부자들이 많이 사는 동네로 평창동, 성북동, 한남동이 있다.

평창동과 성북동은 풍수상 좋다기보다는 권력의 중심 청와대와 주요 관청들이 가깝게 있기 때문이라고 볼 수 있다. 마치 조선왕조 궁궐 주변에 명문가들이 밀집하였던 것과 같은 현상이다.

왕이 찾으면 가마를 타고 금방 입궐할 수 있듯, 평창동과 성북동도 관청과 가까워 자동차로 몇 분이면 달려갈 수 있다. 평창동과 성북동에 이어 지금은 한남동에 재벌들이 많이 살고 있다.

3대 부촌 가운데 한남동은 평창동, 성북동과는 성격이 다른 면이 있다. 남산의 중심은 하얏트호텔, 승지원(삼성 이병철 회장 집무실), 부군당(府君堂·신당), 녹사평역, 미군기지로 이어진다.

즉 남산에 터를 잡을 경우 산비탈이 아닌 미군기지 일대가 양기에 적절하다. 여기는 고건 전 서울시장이 서울시 청사로 계획했던 곳이기도 하다.

재물의 기운이 강한 금형산인 남산과 요대수(腰帶水)로 감싸 안은 한남동은 재물의 중심지라고 볼 수 있다. 특히 한남동의 뒷산인 남산은 흙으로 덮인 부드러운 산으로 살기(殺氣)가 없는 산이다.

남산의 주맥은 힐튼호텔 근방으로 흘러들어 외교부 장관의 공관을 지나 좌청룡인 한남더힐 아파트 단지와 우백호인 보광동으로 이어져 한강을 역수한 뒤 그 기운을 모아 유엔 빌리지로 향한다.

유엔 빌리지는 요대수인 한강이 감아 도는 전형적인 배산임수의 명당으로 대기업 오너들의 '가족마을'이기도 하다.

하얏트호텔과 그 아래 한남동, 이태원 부촌은 산 정상도 아니고 평지도 아닌 산비탈에 자리한다. '부군당'이 말해주듯 작은 신들을 모시는 땅이다. 이전에는 무덤도 많았다.

결국 종합해보면, 귀인, 손님, 신, 재물(한강의 물은 풍수에서 재물로 해석)을 맞이하는 땅인 것이다. 외국 대사관과 미군기지가 있는 이유이기도 하다.

[한남동 지도]

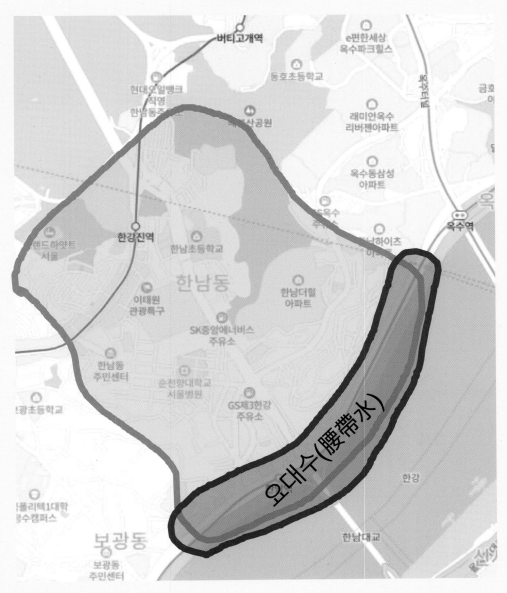

※ 재벌가의 주택들이 몰려있는 한남동은 재물의 기운이 강한 금형산(남산)과 요대수(한강)가 결합된 입지 조건으로 전형적인 배산임수의 명당이다.

[회사 내부 양택 8방향 배치 방법]

직원 10인 이하 사무실의 경우

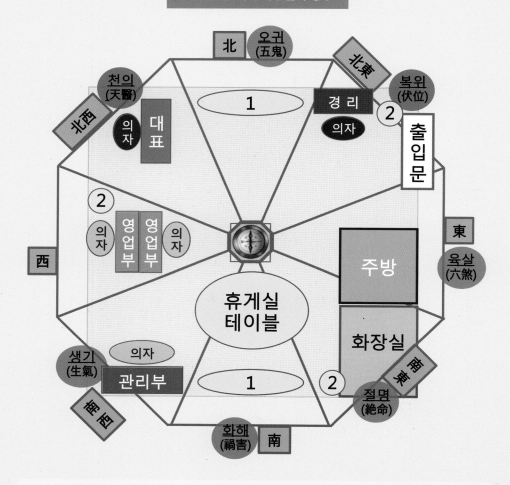

<방향별 설명>
- 생기(生氣) : 사업번창, 자신감충만, 도약
- 복위(伏位) : 재산축척, 경영발전, 횡재
- 연년(延年) : 건강, 사랑, 다복
- 천의(天醫) : 평안, 승진, 올바름
- 화해(禍害) : 구설, 손재, 질병
- 오귀(五鬼) : 불면증, 악몽, 재난
- 육살(六煞) : 악살, 쇠퇴, 불운
- 절명(絶命) : 생활고, 절망, 고립

[회사 내부 양택 8방향 배치 방법]

직원 10인 이상 사업체의 경우

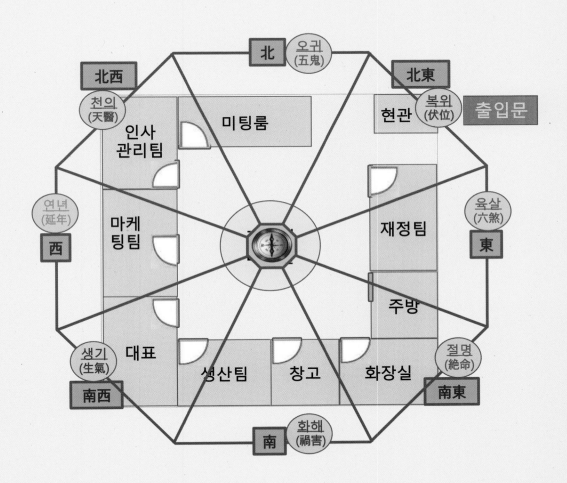

※ 양택 8방향은 대표자와 직원들의 본명궁에 따라 공간별 기운에 맞게 (사무실, 책상, 창고, 화장실, 티테이블) 자리를 배치 해주면 됩니다.

[가정집 양택 8방향 배치방법]

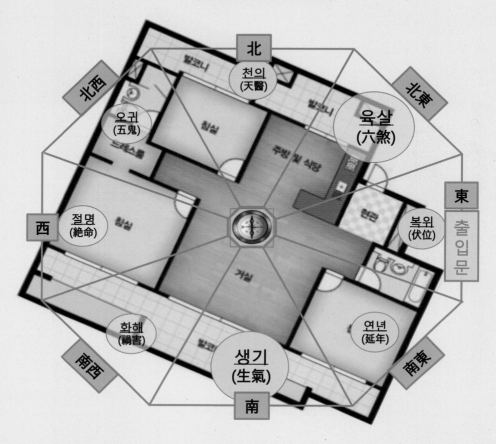

※ 양택 8방향은 가족들의 본명궁에 따라 각자의 공간별 기운에 맞는 방을 선택한 후 침대와 책상을 배치해
주면 된다.

< 방향별 설명 >
- 생기(生氣) : 사업번창, 자신감충만, 도약
- 복위(伏位) : 재산축척, 경영발전, 횡재
- 연년(延年) : 건강, 사랑, 다복
- 천의(天醫) : 평안, 승진, 올바름

- 화해(禍害) : 구설, 손재, 질병
- 오귀(五鬼) : 불면증, 악몽, 재난
- 육살(六煞) : 악살, 쇠퇴, 불운
- 절명(絶命) : 생활고, 절망, 고립

양기(陽氣)풍수

집단의 풍수로서 대도시~마을까지 들어설 터를 선점하는 풍수라고 할 수 있는데 배산임수(背山臨水)의 지형을 선호하며, 장풍득수(藏風得水)가 도시나 마을 전체에도 잘 이루어져야 좋은 양의 기운이 있는 터라고 볼 수 있다.

(출처 : 경북김천 연안이씨 집성촌)

[롯데타워(붓), 롯데월드몰(먹), 석촌호수(벼루), 잠실(종이)]

롯데월드타워의 경우 한강이 동쪽에서 흘러들어와 북쪽을 감싸고 돌아 서쪽으로 흘러나가고 남쪽에는 석촌호수가 있다. 롯데월드타워 어디에서나 물을 볼 수 있다.

좋은 글씨를 쓰기 위해서는 '종이, 붓, 먹, 벼루' 이렇게 4가지 보물이 갖춰져야 하는데 이것을 문방사보(文房四寶)라 하며 그 중에서도 붓이 가장 중요하다. 그 붓에 해당하는 것이 바로 555m의 롯데월드타워 꼭대기이다. 둥글고 뾰족함이 풍수에서 길(吉)한 조건에 부합하면서도 동시에 붓을 연상시킨다. 롯데월드타워를 붓으로 형상화했다면, 롯데월드타워가 들어선 잠실 드넓은 들판이 종이에 해당되고, 석촌호수는 벼루(水硯)로 볼 수 있으며, 롯데월드타워 옆에 있는 롯데월드몰은 먹(墨)에 해당된다.

우리나라는 전통적으로 풍수의 사신사(四神砂)를 사방의 산으로 해석한다. 즉 뒷산인 현무, 왼쪽 산인 청룡, 오른쪽 산인 백호, 앞산인 주작 등 사방이 산으로 둘러싸인 곳을 이상적으로 여긴다.

반면 중국과 일본의 양기풍수는 청룡은 흐르는 강, 백호는 큰길, 주작은 큰 연못으로 보아, 이와 같은 조건의 땅을 길지로 여긴다. '물은 재물을 주관하며(水主財), 길은 재물을 운반한다(路運財)'는 것이 그들의 풍수적 관념이다. 이와 같은 관점에서 보면 롯데월드타워 입지는 한강이라는 청룡, 송파로와 올림픽로라는 백호, 그리고 석촌호수라는 주작을 갖춘 최상의 길지가 된다.

건축도 중요하지만 더 중요한 것이 입지이다. 무덤은 산을 가까이해야 하고, 산 사람의 집은 물을 가까이해야 재물운을 가져올 수 있다. 돈을 벌려면 물을 가까이해야 한다.

풍수 고전 '장서(葬書)'의 핵심 주제는 "풍수의 법은 물의 얻음을 으뜸으로 삼고 바람을 갈무리함을 그 다음으로 한다(風水之法, 得水爲上, 藏風次之)"라고 하였다.

물은 재록(財祿)을 맡은 것이므로 큰 물가에 부유한 집과 유명한 마을이 많다. 비록 산중이라도 간수(澗水·계곡물)가 모이는 곳이라면 여러 대를 이어가며 오랫동안 살 수 있는 터가 된다.

트럼프 전대통령이 부동산 개발 사업으로 재물을 모을 때 가장 중요시한 것이 바로 물이었고, 또한 풍수였다.

"꼭 풍수를 믿을 필요는 없어요. 나는 풍수를 활용할 뿐이지요. 왜냐하면 풍수가 돈을 벌게 해주기 때문입니다(I don't have to believe in Feng Shui. I use it because it makes me money)." 트럼프가 부동산 개발업자 시절에 자주 하던 말이다.

트럼프의 부동산 풍수는 세 가지를 강조하였는데, 바로 "입지(location), 입지(location), 입지(location)"였다. 즉 '입지'가 부동산 풍수의 전부라고 생각하였다.

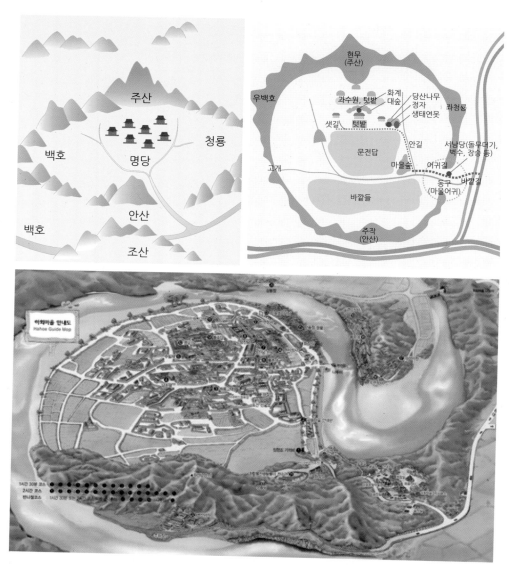

주산

청룡

백호

명당

안산

백호

조산

현무
(주산)

우백호

과수원, 텃밭

화계
대숲

당산나무
정자
생태연못

좌청룡

샛길

텃밭

안길

서낭당(돌무더기,
벅수, 장승 등)

문전답

고개

마을숲

어귀길

동구
(마을어귀)

바깥길

바깥들

주작
(안산)

하회마을 안내도
Hahoe Guide Map

1시간 30분 코스
2시간 코스
한나절코스 1시간 30분 코스

(출처 : 안동하회마을 안내지도)

안동에 있는 하회마을은 풍산 류씨가 600여 년간 대대로 살아온 한국의 대표적인 씨족

마을인 와가와 초가가 오랜 역사 속에서도 잘 보존된 곳이다. 특히 조선시대 대유학자인

류운룡 선생과 임진왜란 때 영의정을 지낸 류성룡 형제가 자라난 곳으로도 유명하다.

마을 이름을 하회(河回)라고 한 것은 낙동강이 'S'자 모양으로 마을을 감싸 안고 흐르는데서 유래되었다고 한다. 하회마을은 풍수지리적으로 태극형, 연화부수형, 행주형에 해당하며, 조선시대부터 사람이 살기에 가장 좋은 지역으로도 유명하였다.

마을의 동쪽에 태백산에서 뻗어 나온 해발 327m의 화산이 있고, 이 화산의 줄기가 낮은 구릉지를 형성하면서 마을의 서쪽 끝까지 뻗어있으며, 수령이 600여년 된 삼신당 느티나무가 있는 지역이 마을에서 가장 높은 중심부에 있다.

비보(裨補)풍수

풍수지리에 따라 어떤 지역의 풍수적 결함을 인위적으로 보완하는 것을 말한다. 우리 시대의 비보와 염승법으로 생기가 부족하거나 결함이 있는 터를 인위적으로 고쳐서 좋은 기운으로 바꿔, 쾌적하고 건강한 주거환경이 될 수 있도록 보완해주는 방법 중 하나이다. 나무, 조형물, 분수, 물, 꽃, 거울, 액자 등을 이용하여 마을이나 가정의 안과 밖을 나쁜 기운으로부터 보호할 수 있다.

풍수지리 사상은 산의 모양이나 바람과 물의 흐름 등으로 입지를 파악하고, 살아있는 기운의 흐름이 원활한 명당을 찾아 관공서나 개인의 주거지로 선정하는 것으로, 이렇게 선정한 장소에 큰 건물이나 양택을 지을 때 약하거나 모자란 부분을 인위적으로 보완하는 것이 비보풍수이다.

고려국사도선전(高麗國師道詵傳)에서는 사람이 병이 들어 위급할 경우에 혈맥을 찾아 침을 놓거나 뜸을 뜨면 곧 병이 낫는 것과 마찬가지로 산천의 병도 절을 짓거나 불상 또는 탑 등을 세워서 비보했다고 설명하였다.

우리나라의 비보풍수는 신라 말기 도선국사의 비보사탑설에서 비롯된 것으로 알려진다. 신라 말기의 사회는 혼란과 분열이 극심하고 기근과 자연재해로 백성들이 큰 어려움을 겪었는데, 도선국사는 그 원인을 국토가 병들어 있기 때문이라고 생각했다. 따라서 이를 치유하는 방법으로 지방 각지의 적절한 곳에 사탑을 만들어야 한다고 주장했던 것이다.

조선시대에도 수도인 한양에서 여러 비보적인 방책을 실시하였다. 풍수지리에 따라 한양의 조산에 해당하는 관악산을 화산(火山)이라 여겼기에 당시 목조건물이었던 궁궐의 화재 발생을 예방할 목적으로 관악산의 화기를 누르기 위해 정상에 연못을 파게 하였다. 그리고 광화문 앞에 해태를 설치하였는데, 해태가 불을 보면 물을 뿜어 화재를 막을 수 있다고 믿었기 때문이다.

또한, 경복궁 근정전 앞에는 드므를 설치하여 안에 물을 가득 채워두도록 했다. 이는 화마가 드므에 고인 물에 자신의 모습을 보고 놀라 달아날 것이라고 여겼기 때문이었다. 그리고 숭례문 주변에도 남지(南池)라는 연못을 만들기도 하였다. 이러한 사실들을 통해, 수도를 정하거나 궁궐을 지을 때에도 비보의 관념을 근본적으로 사용하였음 알 수 있다.

永慕亭重修記

知禮維深山僻谷人物輩出文
翰不絕禮儀凡節惟一無二是
故知禮縣北之下有上院上院
有一齋名曰永慕齋吾眷則
維我
先祖廷城府院君道慕之齋也
贈純忠積德秉義補祚功匠柏
國崇祿大夫左賛成延城府院
君諱禄公諱木丁天品正剛
學行高名然不願仕進歸臥知
禮門景契卯庭植黄梅閉遮盤
石樂山樂水君子之淸風卧席
兩瀬蓋瓦頹敗宅門橫其
敢在各慮連席會議有意宗族
生計末饒甚先之誠有意未成
如此之隆盛在我其十月甚庭
孫言此意各慮方協快以計話
以好集之心盡力應援成其城
意着工推進竣工甲子否眷維
新鮮明光彩永世無彊
檀紀四三二年甲子夏五月 日
十六世孫 鉉洙謹書

[근정전 드므]

[광화문 해태]

[우리 집안의 비보에 쓰이는 물건들]

음양오행(陰陽五行)

음양(陰陽)

풍수의 기본은 음양(陰陽)과 "목, 화, 토, 금, 수" 오행(五行)으로 구성되는데, 그 중에 음양이라는 두 글자는 대표적으로 어둠과 밝음을 나타내고 있다. 이러한 음양이 분화(分化)되는 과정을 거쳐서 사상(四象)과 팔괘(八卦)가 생겨났다.

팔괘의 생성과 상응 관계

음양의 세계관을 토대로 구체적인 삼라만상의 세계를 나타낸 것이 바로 팔괘다. 음과 양은 물질의 궁극적인 본질이며, 그것들의 근원이자 통일체가 바로 태극(太極)이다.

〈역경(易經)〉「계사전(繫辭傳)」에는 이 태극에서 생겨난 세계관이 다음과 같이 설명되어 있다.

易有太極(역유태극) 是生兩儀(시생양의) 兩儀生四象(양의생사상) 四象生八卦
(사상생팔괘) 八卦定吉凶(팔괘정길흉) 吉凶生大業(길흉생대업)

무극(無極)이 태극을 낳고, 태극이 양의(兩儀)를 낳아 음양을 이루고
음양이 분화되는 과정을 거쳐 사상과 팔괘가 생겨났다.

태극에서 음과 양이 나오고, 이 두 개의 의(儀)를 둘로 나눈 것을 사상이라고 한다. 그리고 이것을 다시 이분하면 팔괘가 된다. 즉, 2×2×2=8인 것이다.

팔괘의 근본사상은, 음과 양은 서로 대립하고 순환하면서 이것들의 조합을 통해 자연계의 본질을 파악할 수 있다는 것이다. 실제로는 효(爻)라 불리는 산목(算木)*을 써서 나타낼 수 있다.

태극은 중국의 고대사상 중 음양사상과 결합하여 만물을 생성시키는 우주의 근원으로서 〈주역〉에 언급되었다.

대한민국은 전통문양으로 빨강, 파랑, 노랑이 들어간 삼태극(三太極)을 주로 사용하였으며, 태극선 부채 등에서 그 문양을 확인할 수 있다. 태극기의 이태극(二太極)은 음양을 상징하고, 삼태극은 천지인을 상징하는데, 삼태극은 1988년 서울올림픽 공식 로고에도 사용되었다.

다음은 태극기의 의미에 대해여 살펴보자.

흰 바탕은 밝음과 순수함, 평화를 사랑하는 민족정신을 나타내고, 가운데 태극 모양은 음과 양의 조화를 의미하므로 우주 만물의 형상이 음양에 따라 변화하는 대자연의 진리를 형상화한 것이다.

태극 문양은 빨간색, 파란색으로 이루어져 있으며, 빨간색은 태양, 즉 양의 의미, 파란색은 바다, 즉 음의 의미를 내포한다.

태극기의 4괘 건(乾), 곤(坤), 감(坎), 리(籬)의 의미를 살펴보자.

- 건괘는 하늘(天), 봄(春), 동(東), 인(仁)
- 곤괘는 땅(地), 여름(夏), 서(西), 의(義)
- 감괘는 달(月), 겨울(冬), 북(北), 지(智)
- 리괘는 해(日), 가을(秋), 남(南), 예(禮)

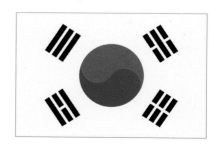

---

* 고대 중국에서 계산할 때 사용하던 도구

가운데 태극 무늬를 중심으로, 건괘와 곤괘가 대각으로 마주 보고 있는 것은 무궁한 정신을 나타내며, 감괘와 리괘가 대각으로 마주 보고 있는 것은 광명의 정신을 나타낸다.

이처럼 태극기의 원리에서 우리는 천지가 음양오행의 원리로 돌아감을 알 수 있는데, 우리 조상들은 옛부터 이런 우주 변화의 원리를 깨달았던 것이다.

음양의 구성

八卦 (三變)	一乾天	二兌澤	三離火	四震雷	五巽風	六坎水	七艮山	八坤地
四象 (二變)	太陽		少陰		少陽		太陰	
兩儀 (一變)	陽				陰			
太極 (无極)	易有太極 兩儀生四象 四象生八卦 역에 태극이 있으니 태극이 양의를 낳고 양의가 사상을 낳고 사상이 팔괘를 낳는다.							

음양의 사상(四象)

四象				
	老陽(太陽)	少陰	少陽	老陰(太陰)
象	강건불식	내실외허	내허외실	유순안정
계절	여름	봄	가을	겨울
일과	낮	아침	저녁	밤

음양의 팔괘와 사상

이름	괘상	자연	본명궁	동물	방위	인간	성질	신체	음양
건(乾)		천(天)	6	말	남	부	굳셈	머리	양금
태(兌)		택(澤)	7	양	남서	소녀	기쁨	입	음금
리(離)		화(火)	9	꿩	서	중녀	붙음	눈	화
진(震)		뢰(雷)	3	용	북서	장남	움직임	발	양목
손(巽)		풍(風)	4	학	남동	장녀	들어감	다리	음목
감(坎)		수(水)	1	돼지	동	중남	험난함	귀	수
간(艮)		산(山)	8	개	북동	소남	그침	손	양토
곤(坤)		지(地)	2	소	북	모	유순	배	음토

지구는 자전에 의해 밤과 낮이 바뀌고, 23.5도로 기울어진 상태에서 남과 북이 중심이되어 '서~동'으로 빠른 속도로 자전하며 하루 23시간 56분 3초로 돌아간다.

음(陰)이라는 글자는 언덕(丘)과 구름(雲)의 상형(象形)을 포함하고 있으며, 양(陽)이라는 글자는 모든 빛의 원천인 하늘과 태양을 상징하고 있다.

양의 기운이 남자, 홀수, 능동적, 해, 더위, 밝음, 건조함, 굳음 등이라면 음의 기운은 여자, 짝수, 수동적, 달, 추위, 어둠, 습기, 부드러움 등이라고 할 수 있다.

이러한 음양이 서로 생해주기도 하고, 서로 극을 받기도 하면서 상호보완적인 힘이 작용하여 우주의 삼라만상을 발생, 변화, 소멸시키게 된다고 보는 것이다. 음양에 관한 최초의 기록은 기원전 4~3세기에 편집된 것으로 보이는 국어(國語)에 나타나 있다.

음양 사상은 어느 한쪽으로만 치우쳐서 생각할 수는 없다. 음양과 자연 현상, 음양과 도(道), 음양과 근본, 음양과 오행 등 여러 각도에서 살펴야 한다. 자연 현상으로는 봄, 여름, 가을, 겨울의 사계절이 순환하고 비가 내리고 천둥이 치며, 곡식과 열매가 맺는 등 여러 가지 변화되는 현상을 포함하고 있다.

천둥과 번개는 음이 모여 흩어지지 않은 상태에서 그 음 안에 있는 양이 나갈 구멍을 잃고 막혀 있다가 별안간 음을 뚫고 밖으로 분출하는 현상을 말한다. 반대로 밖에 있는 양이 응취, 응결해 있는 음을 뚫고 안으로 들어가지 못하면 세찬 바람이 일어나는데 그것을 회오리바람이라고 한다. 그러므로 모든 자연 현상은 음양의 성격과 상호 작용을 떠나서 있는 것이 아니다. 즉 음과 양은 각각 나누어 독립적으로 생각할 수가 없다.

사람이 부대끼며 살다보면 나에게 이유 없이 잘해주는 사람이 있기도 하고, 나또한 자꾸 마음이 가는 사람이 있다. 서로의 관계를 짚어보면 음양의 조화가 맞아서 서로를 생해주는 관계가 형성되는 경우라고 볼 수 있다. 이와는 반대로 부모와 자식 또는 형제간에 서로 원수처럼 지내는 관계를 보거나 아무런 이해관계가 없는 사람인데도 그냥 보기만 해도 거부감이 드는 사람이 있다. 각자의 기운이 음-음, 양-양 으로 대립되어 일어나는 현상이라고 볼 수 있다.

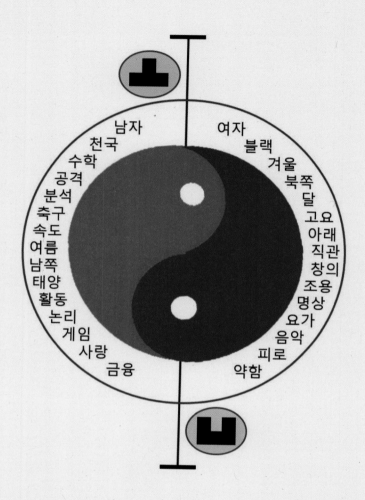

음 양 도											
음(陰)			여자	들	어둠	달	낮음	습기	공간	부드러움	우	짝수
양(陽)			남자	산	밝음	태양	높음	건조함	시간	굳음	좌	홀수

오행(五行)

오행설(五行說)은 기원전 3세기경에 성립되었으며, 모든 현상을 목(木), 화(火), 토(土), 금(金), 수(水) 다섯가지 개념으로 설명한다. 태양과 수성(水星), 목성(木星), 화성(火星), 토성(土星), 금성(金星), 달이 지구와 멀고 가까워질 때 생기는 변화 속에서 우리는 그 영향을 받는다. 여기에 인간의 생성과 소멸도 우주의 순환 이치와 같다고 보면 된다.

우리가 살고 있는 지구는 태양을 구심점으로 자전과 공전을 거듭하고 있는 하나의 별이다. 그 별들의 원소는 물, 나무, 불, 흙, 쇠의 오행으로 이루어져 있다.

- 수=흑색=북=지혜=응축=윤하(潤下) 사물을 젖게 해서 낮은 곳으로 흐르게 한다.
- 화=적색=남=명예=확산=염상(炎上) 사물을 태워서 높은 곳으로 올라가게 한다.
- 목=청색=동=수명=발생=곡직(曲直) 굽거나 곧게 된다.
- 금=백색=서=재물=의리=종혁(從革) 자유롭게 변한다.
- 토=황색=중앙=신의=전택=가색(稼穡) 씨를 뿌리는 시기와 거두는 시기

위 다섯 원소는, 목은 토를 이기고, 금은 목을 이기며, 화는 금을 이기고, 수는 화를 이기고, 토는 수를 이기는 상호 순환 관계에 있다. 이는 사계절의 추이에서부터 자연계와 인간계의 모든 변화를 관통하는 원리로 음양설과 오행설이 결합하여 음양오행설이 된 것이다.

과거 철인들은 음과 양, 그리고 오행을 만들어 철학적인 학문을 전성케 하였다. 오행에는 음양이 함께 있어서 서로 맞물려 돌아가며 자연의 원리를 이해하게 되면, 인간을 이해할 수 있고, 사계절의 지혜를 이해할 수 있다.

봄은 나무가 쑥쑥 자라듯 솟아오르는 목의 기운이 생겨나고 방위는 동쪽이다.
여름은 무한한 성장의 계절로 무더운 화의 기운이 생겨나고 방위는 남쪽이다.
가을은 결실과 함께 시원하고 단단한 금의 기운이 생겨나고 방위는 서쪽이다.
겨울은 한해 마무리와 봄을 준비하는 수의 기운이 생겨나고 방위는 북쪽이다.

이렇듯 사계절을 이어주는 환절기마다 토(土)의 기운이 활동하는데,

봄~여름 사이는 진토(辰),

여름~가을 사이는 미토(未),

가을~겨울 사이는 술토(戌),

겨울~봄 사이는 축토(丑)의 기운이 함께 한다.

음양오행의 상생, 상극관계도

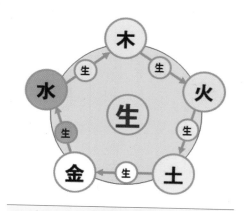

오행의 상생				
木生 火	火生 土	土生 金	金生 水	水生 木

오행의 상극				
木剋 土	土剋 水	水剋 火	火剋 金	金剋 木

음양오행의 표현

음양오행의 목화토금수 기운을 보면, 음양은 하늘과 땅, 높고 낮음, 차갑고 따뜻한 것, 어둡고 환한 것, 감춰진 것과 두드러진 것, 가늘거나 굵은 것, 여자와 남자 등등. 우주에 존재하는 물체와 행위는 대립적 관계에 의해 다스려지며 (−)와 (+)로 표현되기도 한다.

		木	火	土	金	水
天干	천간	甲乙	丙丁	戊己	庚辛	壬癸
地支	지지	寅卯	午巳	辰戌丑未	申酉	子亥
五方	오방	東	南	中央	西	北
五宮	오궁	靑龍(청룡)	朱雀(주작)	黃龍(황룡)	白虎(백호)	玄武(현무)
五數	오수	3 · 8	2 · 7	5 · 10	4 · 9	1 · 6
五性	오성	仁(인)	禮(예)	信(신)	儀(의)	智(지)
五色	오색	靑(청)	赤(적)	黃(황)	白(백)	黑(흑)
五味	오미	酸(신맛)	苦(쓴맛)	甘(단맛)	辛(매운맛)	鹹(짠맛)
五臭	오취	나무냄새	탄내	향내	비린내	노린내
五音	오음	角(각) ㄱ,ㅋ	燬(치) ㄴ,ㄷ,ㄹ,ㅌ	宮(궁) ㅇ,ㅎ	商(상) ㅅ,ㅈ,ㅊ	羽(우) ㅁ,ㅂ,ㅍ
五季	오계	春(춘)	夏(하)	사계(四季)	추(秋)	동(冬)
五時	오시	調(아침)	晝(낮)	間(사이, 간)	夕(저녁)	夜(밤)
五氣	오기	風(바람 풍)	熱(더울 열)	濕(습할 습)	燥(마를 조)	寒(찰 한)
五象	오상	直(곧을 직)	尖(뾰족할 첨)	方(모 방)	圓(둥글 원)	曲(굽을 곡)
五生	오생	洋(양 양)	鷄(닭 계)	牛(소 우)	犬(개 견)	豕(돼지 시)
五蟲	오충	鱗(비늘 린)	羽(깃털 우)	裸(벗을 라)	毛(털 모)	介(껍질 개)
五職	오직	文官(문관)	藝術(예술)	農土(농토)	武官(무관)	水業(수업)
五志	오지	怒(성낼 노)	喜(기쁠 희)	思(생각 사)	哀(슬플 애)	恐(두려울 공)
五臟	오장	肝(간)	心(심)	脾(비)	肺(폐)	腎(신)
六腑	육부	膽(담)	小腸(소장)	胃腸(위장)	大腸(대장)	膀胱(방광)
五官	오관	目(눈 목)	舌(혀 설)	口(입 구)	鼻(코 비)	耳(귀 이)
五情	오정	努(성낼 노)	喜(기쁠 희)	思(생각 사)	悲(슬플 비)	恐(두려울 공)
五聲	오성	呼(부를 호)	笑(웃을 소)	歌(노래 가)	哭(울 곡)	呻(끙끙거릴 신)
五神	오신	魂(넋 혼)	神(정신 신)	意(뜻 의)	魄(형체 백)	志(마음 지)
五液	오액	淚(흐를 루)눈물	汗(땀 한)	涎(침 연)	涕(눈물체)콧물	唾(침 타)
五事	오사	視(볼 시)	言(말씀 언)	思(생각 사)	聽(들을 청)	貌(얼굴 모)
五政	오정	寬(너그러움)	明(수명)	恭(공손함)	力(힘)	靜(고요함)
五福	오복	장수	건강 편안	깨끗한 죽음	부귀를 누림	덕 있는 친구
位置	위치	조용한 곳	번화가	중심가	소란한 곳	어두운 곳
圖形	도형	직사각형	역삼각형	원	정사각형	정삼각형

음양의 예시

양	음	양	음
天	地	직선	곡선
男	女	날숨	들숨
生	死	빠름	느림
上	下	칭찬	꾸중
明	暗	크다	작다
熱	寒	많다	적다
動	靜	주다	받다

오행은 우주의 모든 물질을 구성하는 다섯가지 [나무(木), 불(火), 흙(土), 바위=쇠(金), 물(水)] 이라는 5가지로 표현되며 천간, 지지, 띠, 색상, 계절, 방향, 물체, 숫자 등으로 나타낼 수 있다.

오행의 예시

오행은 생장화수장(生長化收藏)의 원리이다.

木은 생(生)의 과정: 봄, 소년
火는 장(長)의 과정: 여름, 청년
金은 수(收)의 과정: 가을, 중년
水는 장(藏)의 과정: 겨울, 노년
土는 화(化)로서 木火金水가 조화를 이루는 과정: 사춘기

오행과 풍수

풍수에서 오행은 색과 방위 등으로 표현한다.

木은 생기를 표현 → 파란색, 동쪽

火는 확장을 표현 → 붉은색, 남쪽

金은 수렴을 표현 → 흰색, 서쪽

水는 축장을 표현 → 검은색, 북쪽

土는 조화를 표현 → 노란색, 중앙

위의 음양과 오행을 합쳐서 음양오행설이라고 하는데 표로 정리하면 다음과 같다.

오행 (五行)	천간 (天干)	지지 (地支)	띠	색상	계절	방향	물체	숫자	연령
木	甲 +乙 -	寅 +卯 -	범 토끼	청색	봄	東	나무	3, 4	아동
火	丙 +丁 -	巳 +午 -	뱀, 말	적색	여름	南	불	9	청년
土	戊 +己 -	辰 +戌 + 丑 -未 -	용, 개 소, 양	황색	中央	中央	흙	2, 8	중년
金	庚 +辛 -	申 +酉 -	원숭이 닭	백색	가을	西	금	6, 7	장년
水	壬 +癸 -	亥 +子 -	돼지 쥐	검정색	겨울	北	물	1	노년 아기

삼원갑자

지구의 공전은 천구상의 태양 연주운동(年周運動)으로, 태양이 춘분점을 출발하여 황도를 따라 천구를 서에서 동으로 일주하여 다시 춘분점으로 회기하기까지의 시간 간격을 말한다. 이를 회귀년(回歸年, tropical year)이라고도 한다. 따라서 태양계를 돌고 있는 중심축에 의해서 봄, 여름, 가을, 겨울 사계절이 생겨났다.

오행이란 지구의 공전에 의해 성립된 것임을 알 수 있으며, 우리가 매일 사용하고 있는 요일도 태양인 일과 달인 월부터 화, 수, 목, 금, 토를 기준으로 7일을 일주로 정해서 사용하고 있다.

지구의 공전주기를 삼원갑자년대표(三元甲子年代表)로 보면 다음과 같다.

시운은 60년을 소순환 1주기로 하고, 소순환 3주기, 즉 180년을 대순환으로 하며, 이 180년을 20년 단위 9개의 운으로 구분하여 방위와 시운에 따라 길흉을 판단한다.

낙서구궁*에는 시간적인 요인이 포함되어 있는데 3원9운이라 부른다.

---

* 낙서구궁 : 홍수를 다스린 것으로 유명한 중국 하나라 우왕이 낙수(洛水) 강에서 구한 거북이 등에 씌어 있었다는 마흔다섯 개의 점으로 된 아홉 개의 무늬

낙서에는 9개의 궁이 있고, 지운(地運)은 한 궁에서 20년을 작용하며 낙서의 구궁이 일주(一週)하려면 180년의 시간이 걸린다.

- 1運에서 3運까지 60년간은 上元甲子,

  4運에서 6運까지 60년간은 中元甲子,

  7運에서 9運까지 60년간은 下元甲子 라 하며 3원9운이라 한다.

- 삼원의 첫해는 BC2697(甲子)년으로 중국 황제 1년이다.

- 우리가 살고 있는 (2004~2023)은 대삼원으로 3운이며 소삼원으로는 8운이다.

▶ 1運, 4運, 7運은 甲子年~癸未年까지 20年

  甲子 을축 병인 정묘 무진 기사 경오 신미 임신 계유

  갑술 을해 병자 정축 무인 기묘 경진 신사 임오 癸未

▶ 2運, 5運, 8運은 甲申年~癸卯年까지 20년

  甲申 을유 병술 정해 무자 기축 경인 신묘 임진 계사

  갑오 을미 병신 정유 무술 기해 경자 신축 임인 癸卯

▶ 3運, 6運, 9運은 甲辰年~癸亥年까지 20年

  甲辰 을사 병오 정미 무신 기유 경술 신해 임자 계축

  갑인 을묘 병진 정사 무오 기미 경신 신유 임술 癸亥

삼원갑자 연대표

구분			연도			
상원	1運	갑자~계미	1504~1523	1684~1703	1864~1883	2044~2063
	2運	갑신~계묘	1524~1543	1704~1723	1884~1903	2064~2083
	3運	갑진~계해	1544~1563	1724~1743	1904~1923	2084~2103
중원	4運	갑자~계미	1564~1583	1744~1763	1924~1943	2104~2123
	5運	갑신~계묘	1584~1603	1764~1783	1944~1963	2124~2143
	6運	갑진~계해	1604~1623	1784~1803	1964~1983	2144~2163
하원	7運	갑자~계미	1624~1643	1804~1823	1984~2003	2164~2183
	8運	갑신~계묘	1644~1663	1824~1843	2004~2023	2184~2203
	9運	갑진~계해	1664~1683	1844~1863	2024~2043	2204~2223

하원 60갑자 서기년도 일람표

7運	甲子 1984	乙丑 1985	丙寅 1986	丁卯 1987	戊辰 1988	己巳 1989	庚午 1990	辛未 1991	壬申 1992	癸酉 1993
	甲戌 1994	乙亥 1995	丙子 1996	丁丑 1997	戊寅 1998	己卯 1999	庚辰 2000	辛巳 2001	壬午 2002	癸未 2003
8運	甲申 2004	乙酉 2005	丙戌 2006	丁亥 2007	戊子 2008	己丑 2009	庚寅 2010	辛卯 2011	壬辰 2012	癸巳 2013
	甲午 2014	乙未 2015	丙申 2016	丁酉 2017	戊戌 2018	己亥 2019	庚子 2020	辛丑 2021	壬寅 2022	癸卯 2023
9運	甲辰 2024	乙巳 2025	丙午 2026	丁未 2027	戊申 2028	己酉 2029	庚戌 2030	辛亥 2031	壬子 2032	癸丑 2033
	甲寅 2034	乙卯 2035	丙辰 2037	丁巳 2037	戊午 2038	己未 2039	庚申 2040	辛酉 2041	壬戌 2042	癸亥 2043

본명궁(本命宮=후천수) 알아보기

사람은 누구나 태어날 때 가지는 고유한 기(氣)가 있다.

세상에 첫 울음을 터트리고 엄마 젖을 먹기 전에 우주의 기운을 먼저 받아들이는데 이때 선천수(先天數=하도수)와 후천수(後天數=낙서수)가 정해지고, 태어난 생년(生年, 연도)에 따라 8괘의 낙서수에 의해 정해지는데 이때 정해진 낙서수를 후천수 본명궁(本命宮)이라고 한다.

우리는 각자에게 주어진 숙명(선천수)과 운명(후천수)으로 살아가는데, 이때 정해진 숙명이 바뀌지 않는 본연의 기둥이라면, 운명은 본인의 노력 여하에 따라 더 잘될 수도 있고 또는 나빠질 수도 있는 변화를 가져온다.

양택풍수는 주변 환경의 기를 각자의 기(氣)인 본명궁에 맞춰 복을 얻고, 화를 피하도록 해주는 방법으로서 비록 주변 환경의 기가 눈에 보이지는 않지만 운명에 많은 영향을 끼치게 되니 각자의 기와 조화를 이루어서 복되고 평안한 삶을 살도록 비보해주어야 한다.

각자의 본명궁에 맞춰서 본인의 운기를 생해주는 방향으로 거주공간인 집이나 업무공간인 사무실의 위치 및 방향을 선택해주어야 하며, 각자의 침대, 책상 배치 및 도배 침구류 의류 색상 등의 코디와 학업, 결혼, 사업, 이사방위, 인간관계 등 모든 일에 길흉을 판단하고 선택해서 살아가는데, 여기에는 본명궁의 활용이 매우 중요하다.

본명궁 기본 도표

본명궁	1水	2土	3木	4木	6金	7金	8土	9火
팔괘	감(坎)	곤(坤)	진(震)	손(巽)	건(乾)	태(兌)	간(艮)	리(離)
방위	북	남서	동	남동	북서	서	북동	남
자연	물	땅	번개	바람	하늘	호수	산	불
계절	겨울	초가을	봄	초여름	초겨울	가을	초봄	여름
가족	차남	어머니	장남	장녀	아버지	삼녀	삼남	차녀
시간	자정	오후	아침	오전	늦저녁	저녁	새벽	정오

본명궁 계산법

본명궁 계산방법 (입춘일기준 −양력)	
남 자	여 자
11−출생년 수의 합 예)1989 년생 1+9+8+9=27 =2+7=9 =11 −9=2 =2 土 (坤)	4 +출생년 수의 합 예)1991 년생 1+9+9+1=20 =2+0=2 =4 +2=6 =6 金 (乾)
최종 숫자가 "5"가 나오면 [남자 =2 土] [여자 =8 土] 로 보면 됨 * 숫자의 합이 두 자리인 경우 한 자리 될 때까지 합산한다.	

출생년도별 본명궁

출생년도		남자			여자			출생년도		남자			여자		
연도	간지	궁위	오행	사택	궁위	오행	사택	연도	간지	궁위	오행	사택	궁위	오행	사택
1924	甲子	4 巽	목	東	2 坤	토	西	1954	甲午	1 坎	수	東	8 艮	토	西
1925	乙丑	3 震	목	東	3 震	목	東	1955	乙未	9 離	화	東	6 乾	금	西
1926	丙寅	2 坤	토	西	4 巽	목	東	1956	丙申	8 艮	토	西	7 兌	금	西
1927	丁卯	1 坎	수	東	8 艮	토	西	1957	丁酉	7 兌	금	西	8 艮	토	西
1928	戊辰	9 離	화	東	6 乾	금	西	1958	戊戌	6 乾	금	西	9 離	화	東
1929	己巳	8 艮	토	西	7 兌	금	西	1959	己亥	2 坤	토	西	1 坎	수	東
1930	庚午	7 兌	금	西	8 艮	토	西	1960	庚子	4 巽	목	東	2 坤	토	西
1931	辛未	6 乾	금	西	9 離	화	東	1961	辛丑	3 震	목	東	3 震	목	東
1932	壬申	2 坤	토	西	1 坎	수	東	1962	壬寅	2 坤	토	西	4 巽	목	東
1933	癸酉	4 巽	목	東	2 坤	토	西	1963	癸卯	1 坎	수	東	8 艮	토	西
1934	甲戌	3 震	목	東	3 震	목	東	1964	甲辰	9 離	화	東	6 乾	금	西
1935	乙亥	2 坤	토	西	4 巽	목	東	1965	乙巳	8 艮	토	西	7 兌	금	西
1936	丙子	1 坎	수	東	8 艮	토	西	1966	丙午	7 兌	금	西	8 艮	토	西
1937	丁丑	9 離	화	東	6 乾	금	西	1967	丁未	6 乾	금	西	9 離	화	東
1938	戊寅	8 艮	토	西	7 兌	금	西	1968	戊申	2 坤	토	西	1 坎	수	東
1939	己卯	7 兌	금	西	8 艮	토	西	1969	己酉	4 巽	목	東	2 坤	토	西
1940	庚辰	6 乾	금	西	9 離	화	東	1970	庚戌	3 震	목	東	3 震	목	東
1941	辛巳	2 坤	토	西	1 坎	수	東	1971	辛亥	2 坤	토	西	4 巽	목	東
1942	壬午	4 巽	목	東	2 坤	토	西	1972	壬子	1 坎	수	東	8 艮	토	西
1943	癸未	3 震	목	東	3 震	목	東	1973	癸丑	9 離	화	東	6 乾	금	西
1944	甲申	2 坤	토	西	4 巽	목	東	1974	甲寅	8 艮	토	西	7 兌	금	西
1945	乙酉	1 坎	수	東	8 艮	토	西	1975	乙卯	7 兌	금	西	8 艮	토	西
1946	丙戌	9 離	화	東	6 乾	금	西	1976	丙辰	6 乾	금	西	9 離	화	東
1947	丁亥	8 艮	토	西	7 兌	금	西	1977	丁巳	2 坤	토	西	1 坎	수	東
1948	戊子	7 兌	금	西	8 艮	토	西	1978	戊午	4 巽	목	東	2 坤	토	西
1949	己丑	6 乾	금	西	9 離	화	東	1979	己未	3 震	목	東	3 震	목	東
1950	庚寅	2 坤	토	西	1 坎	수	東	1980	庚申	2 坤	토	西	4 巽	목	東
1951	辛卯	4 巽	목	東	2 坤	토	西	1981	辛酉	1 坎	수	東	8 艮	토	西
1952	壬辰	3 震	목	東	3 震	목	東	1982	壬戌	9 離	화	東	6 乾	금	西
1953	癸巳	2 坤	토	西	4 巽	목	東	1983	癸亥	8 艮	토	西	7 兌	금	西

출생년도별 본명궁

출생년도		남자			여자			출생년도		남자			여자		
연도	간지	궁위	오행	사택	궁위	오행	사택	연도	간지	궁위	오행	사택	궁위	오행	사택
1984	甲子	7 兌	금	西	8 艮	토	西	2014	甲午	4 巽	목	東	2 坤	토	西
1985	乙丑	6 乾	금	西	9 離	화	東	2015	乙未	3 震	목	東	3 震	목	東
1986	丙寅	2 坤	토	西	1 坎	수	東	2016	丙申	2 坤	토	西	4 巽	목	東
1987	丁卯	4 巽	목	東	2 坤	토	西	2017	丁酉	1 坎	수	東	8 艮	토	西
1988	戊辰	3 震	목	東	3 震	목	東	2018	戊戌	9 離	화	東	6 乾	금	西
1989	己巳	2 坤	토	西	4 巽	목	東	2019	己亥	8 艮	토	西	7 兌	금	西
1990	庚午	1 坎	수	東	8 艮	토	西	2020	庚子	7 兌	금	西	8 艮	토	西
1991	辛未	9 離	화	東	6 乾	금	西	2021	辛丑	6 乾	금	西	9 離	화	東
1992	壬申	8 艮	토	西	7 兌	금	西	2022	壬寅	2 坤	토	西	1 坎	수	東
1993	癸酉	7 兌	금	西	8 艮	토	西	2023	癸卯	4 巽	목	東	2 坤	토	西
1994	甲戌	6 乾	금	西	9 離	화	東	2024	甲辰	3 震	목	東	3 震	목	東
1995	乙亥	2 坤	토	西	1 坎	수	東	2025	乙巳	2 坤	토	西	4 巽	목	東
1996	丙子	4 巽	목	東	2 坤	토	西	2026	丙午	1 坎	수	東	8 艮	토	西
1997	丁丑	3 震	목	東	3 震	목	東	2027	丁未	9 離	화	東	6 乾	금	西
1998	戊寅	2 坤	토	西	4 巽	목	東	2028	戊申	8 艮	토	西	7 兌	금	西
1999	己卯	1 坎	수	東	8 艮	토	西	2029	己酉	7 兌	금	西	8 艮	토	西
2000	庚辰	9 離	화	東	6 乾	금	西	2030	庚戌	6 乾	금	西	9 離	화	東
2001	辛巳	8 艮	토	西	7 兌	금	西	2031	辛亥	2 坤	토	西	1 坎	수	東
2002	壬午	7 兌	금	西	8 艮	토	西	2032	壬子	4 巽	목	東	2 坤	토	西
2003	癸未	6 乾	금	西	9 離	화	東	2033	癸丑	3 震	목	東	3 震	목	東
2004	甲申	2 坤	토	西	1 坎	수	東	2034	甲寅	2 坤	토	西	4 巽	목	東
2005	乙酉	4 巽	목	東	2 坤	토	西	2035	乙卯	1 坎	수	東	8 艮	토	西
2006	丙戌	3 震	목	東	3 震	목	東	2036	丙辰	9 離	화	東	6 乾	금	西
2007	丁亥	2 坤	토	西	4 巽	목	東	2037	丁巳	8 艮	토	西	7 兌	금	西
2008	戊子	1 坎	수	東	8 艮	토	西	2038	戊午	7 兌	금	西	8 艮	토	西
2009	己丑	9 離	화	東	6 乾	금	西	2039	己未	6 乾	금	西	9 離	화	東
2010	庚寅	8 艮	토	西	7 兌	금	西	2040	庚申	2 坤	토	西	1 坎	수	東
2011	辛卯	7 兌	금	西	8 艮	토	西	2041	辛酉	4 巽	목	東	2 坤	토	西
2012	壬辰	6 乾	금	西	9 離	화	東	2042	壬戌	3 震	목	東	3 震	목	東
2013	癸巳	2 坤	토	西	1 坎	수	東	2043	癸亥	2 坤	토	西	4 巽	목	東

본명궁과 양택 8방향의 관계

방향 ＼ 본명궁	6건 (乾)	7태 (兌)	9리 (離)	3진 (震)	4손 (巽)	1감 (坎)	8간 (艮)	2곤 (坤)
북동쪽 8간(艮)	천을	연년	화해	육살	절명	오귀	복위	생기
북서쪽 6건(乾)	복위	생기	절명	오귀	화해	육살	천을	연년
남서쪽 2곤(坤)	연년	천을	육살	화해	오귀	절명	생기	복위
서쪽 7태(兌)	생기	복위	오귀	절명	육살	화해	연년	천을
북쪽 1감(坎)	육살	화해	연년	천을	생기	복위	오귀	절명
남쪽 9리(離)	절명	오귀	복위	생기	천을	연년	화해	육살
동쪽 3진(震)	오귀	절명	생기	복위	연년	천을	육살	화해
남동쪽 4손(巽)	화해	육살	천을	연년	복위	생기	절명	오귀

본명궁에 따른 길흉의 특성

1. 복위(伏位) 방향

북두칠성 중 좌보(左輔)와 우필성(右弼星)에 해당하는 길한 궁위(宮位)로서 관직에서 귀하게 되고, 가문이 번창하며 부귀장수하고, 어질고 효도하는 자손이 난다. 그러나 대문이나 주방과의 상극으로 파국이 되면 불화, 파탄, 배신 등이 생기게 된다. 복위방향으로 안방, 대문, 주방, 공부방을 배치하면 길하고 화장실, 창고, 하수구를 내면 흉하다. 건물풍수나 묘지 풍수에서 복위방향으로 도로나 물이 들어오는 형상이면 대길하고 물이 빠져나가면 대흉하다.

2. 생기(生氣) 방향

북두칠성 중 탐랑성(貪狼星)이라는 길성이며, 총명하고 부귀로운 인정이 왕성함을 주관하는 대길한 방향이다. 생기 방향은 특히 장남에게 유리하며 이 방향으로 현관문이나 침실인 안방을 배치하면 크게 발전한다. 건물 풍수나 묘지 풍수에서 생기방향으로 도로나물이 들어오는 형상이면 대길하고 물이 빠져나가면 대흉하다.

3. 천을(天乙) 방향

북두칠성 중 거문성(巨門星)에 해당하는 길성이며, 재물을 풍족하게 하고 인정이 왕성하며, 총명하고 어질어 효도하거나 신동이 장수할 수 있는 길한 방향이다.

천을방향에 안방이나 공부방이 배치되면 더욱 좋고, 건물 풍수나 묘지 풍수에서 이 방향으로 도로나 물이 들어오는 형상이면 대길하고 물이 빠져나가면 대흉하다.

4. 연년(延年) 방향

북두칠성 중 무곡성(武曲星)에 해당하는 대길성으로 현명하고 효도하며 총명한 자손으로 귀하게 되며 하는 일이 안정되고 재물과 사람이 풍성해진다. 그러나 다른 명궁과 상극이나 파국이 되면 파재, 열등감, 파탄, 열등감, 독서불리불안 등이 생긴다. 연년방향에 출입문, 안방, 주방, 공부방으로 사용하면 대길하고 화장실, 하수구, 창고 등으로 사용하면 불길하다. 건물 풍수나 묘지 풍수에서 이 방향으로 도로나 물이 들어오는 형상이면 대길하고 물이 빠져나가면 대흉하다.

5. 화해(禍害) 방향

북두칠성 중 녹존성(祿存星)으로 불리는 흉성이며, 음란하고 광기를 부리거나 사업을 망하게 하며 완고하거나 우열한 자손이 난다. 그러나 합국이 되어 길성으로 바뀌면, 근검절약하여 재산이 늘어나지만 사람은 인색해진다. 화해방향에 화장실이나 창고, 하수구를 배치하면 좋고, 건물 풍수나 묘지 풍수에서 이 방향으로 도로나 물이 들어오는 형상이면 대흉하나 물이 빠져나가면 길하다.

6. 육살(六煞) 방향

북두칠성 중 문곡성(文曲星)에 해당하는 흉성이며, 여자라면 바람기가 있고 가정불화와 요절, 안질, 중풍, 재산탕진 등이 있을 수 있지만, 대문이나 주방 등과 상생하게 되면 남성은 이성 문제에 유리하고 예술에 재능이 있으며 총명한 자손이 난다. 육살방향에 주방, 화장실, 창고, 하수구 등을 배치하면 좋고, 건물 풍수나 묘지 풍수에서 이 방향으로 도로나 물이 들어오는 형상이면 대흉하나 물이 빠져나가면 길하다.

7. 오귀(五鬼) 방향

북두칠성 중 염정성(廉貞星)에 해당되는 흉성이며, 교통사고, 무능, 열등, 파탄, 도적 등이 있을 수 있지만 합국이 되면 재산이 늘어나고 가문이 번창하여 하는 일에 좋은 기운을 느낄 수 있다. 오귀방향에 화장실, 하수구, 창고 등을 배치하면 좋고, 건물 풍수나 묘지 풍수에서 이 방향으로 도로나 물이 들어오는 형상이면 대흉하나 물이 빠져나가면 길하다.

8. 절명(絕命) 방향

북두칠성 중 파군성에 해당되는 대흉성궁으로 파재, 손재, 형옥, 상해, 사고사 등이 발생할 수 있으나 합국이 되면 집안이 창대하고 선견지명과 권위 있는 성공을 하고 재물운이 평탄하며 송사에도 이익이 있다. 절명방향으로 대문, 안방, 주방, 공부방을 배치하면 대흉하고 화장실, 하수구, 창고 등을 배치하면 길하다. 건물 풍수나 묘지 풍수에서 이 방향으로 도로나 물이 들어오는 현상이면 대흉하나 물이 빠져나가면 길하다.

본명궁제살(本命宮制殺)의 원리

본명궁을 계산해서 단순히 동사명과 서사명을 구분하는 것에 그치지 않고 흉(凶)을 길(吉)로 변화시키는 방법을 찾아서 제시할 수 있다.

양택풍수인테리어의 양택 8방향에서 본명궁별로 상생하는 기운을 주는 방향이 있다. 아래의 도표를 참고하여 가장이나 회사 대표의 본명궁에 맞는 방향으로 출입문을 선택하면 주거공간이나 업무공간을 명당의 기운으로 만들어 줄 수 있다.

본명궁에 따른 길흉 방위

①	생기(生氣) 방향	①	절명(絕命) 방향
②	천의(天醫) 방향	②	오귀(五鬼) 방향
③	연년(延年) 방향	③	육살(六煞) 방향
④	복위(伏位) 방향	④	화해(禍害) 방향

동사명에게 좋은 양택 8방위 방향

본명궁	문위치	생기	연년	천의	복위	화해	오귀	육살	절명
1水	북	동남	남	동	북	서	북동	북서	남서
9火	남	동	북	동남	남	북동	서	남서	북서
3木	동	남	동남	북	동	남서	북서	북동	서
4木	남동	북	동	남	동남	북서	남서	서	북동

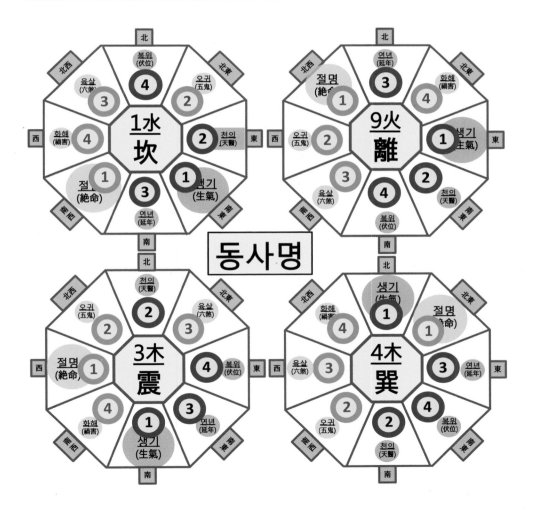

서사명에게 좋은 양택 8방위 방향

본명궁	문위치	생기	연년	천의	복위	화해	오귀	육살	절명
7金	서	북서	북동	남서	서	북	남	남동	동
2土	남서	북동	북서	서	남서	동	남동	남	북
6金	북서	서	남서	북동	북서	남동	동	북	남
8土	북동	남서	서	북서	북동	남	북	동	남동

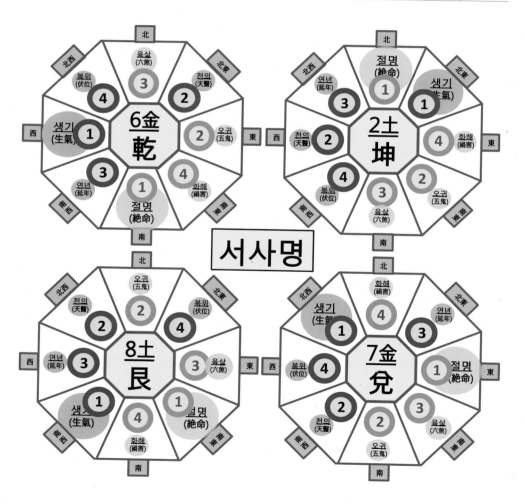

본명궁에 따른 8방위의 특성

1. 동사명(감리진손 坎離震巽)

1水 감(坎)

오행	숫자	방향	계절	시간	색상	성질	가족	신체
수	1	북쪽	겨울	23~01	검정 회색	물	차남 중년남 성	귀 신장 생식기

직업	미용사, 예술가, 영업인, 소방대원
길흉	본명궁이 '목'에게는 생하는 기운을 줌. 본명궁이 '화'에게는 극하는 기운을 줌.
성향	– 시작이며 출발점이자, 마무리 하는 기운임. – 냇물이 바다로 흘러가듯 큰 사회로 나가려는 경향이 큼. – 마음속에 끼를 간직하고 잠재적인 고뇌를 안고 살아가기 쉬움.

9火 리(離)

오행	숫자	방향	계절	시간	색상	성질	가족	신체
화	9	남쪽	여름	11~13	빨강 오렌지	불	둘째딸 중년 여성	눈 심장 혈액

직업	운동선수, 책임자, 경영자, 연예인
길흉	본명궁이 '토'에게는 생하는 기운을 줌. 본명궁이 '금'에게는 극하는 기운을 줌.
성향	– 강한 열정으로 사람들의 눈길을 끄는 매력이 있음. – 명예나 지위에 타고난 운이 있고 존경받는 사람이 많음. – 주변 사람에게 호전적이나 대인관계에 약간의 문제가 있을 수 있음.

3木 진(震)

오행	숫자	방향	계절	시간	색상	성질	가족	신체
목	3	동쪽	봄	05~08	파랑 하늘	나뭇 가지	장남 청년	목 다리 간장

직업	아나운서, 작곡가, 성우, 전자통신, 기술직
길흉	본명궁이 '화'에게는 생하는 기운을 줌. 본명궁이 '토'에게는 극하는 기운을 줌.
성향	- 힘차고 혈기 왕성한 청년의 모습. - 맡은 일은 끝까지 책임감 있게 마무리 하는 성격임. - 무한한 성장 에너지가 넘치나 성급한 성향으로 실수할 수 있음.

4木 손(巽)

오행	숫자	방향	계절	시간	색상	성질	가족	신체
목	4	동남쪽	늦봄	08~11	초록	종이 나무	장녀 젊은 여성	대장 허벅지 엉덩이

직업	모델, 코디네이터, 영업인, 비서, 매니저
길흉	본명궁이 '화'에게는 생하는 기운을 줌. 본명궁이 '토'에게는 극하는 기운을 줌.
성향	- 표현력이 풍부하며, 주변의 변화에 순응하는 온순함이 있음. - 바람이 씨앗을 옮겨 열매를 맺듯이 재물을 보관하고 성장시킴. - 주변에 이끌려 주관 없이 행동하는 오류를 범할 수 있음.

2. 서사명(건곤간태 乾坤艮兌)

6金 건(乾)

오행	숫자	방향	계절	시간	색상	성질	가족	신체
금	6	북서쪽	늦가을	20~23	흰색	원형 동전	가장 노인	머리 골격

직업	컨설턴트, 경영자, 책임자, 교육자, 심리상담가
길흉	본명궁이 '수'에게는 생하는 기운을 줌. 본명궁이 '목'에게는 극하는 기운을 줌.
성향	– 넓은 안목과 성실함을 타고 났음. – 리더십이 있으며, 앞일을 간파하는 통찰력이 있음. – 권력 지향적인 면이 있어 실수할 가능성도 있음.

2土 곤(坤)

오행	숫자	방향	계절	시간	색상	성질	가족	신체
토	2	남서쪽	늦여름	13~17	노랑 분홍	흙 도기	어머니 노년 여성	위 비장 복부

직업	은행원, 공무원, 공장장, 세무사, 경리직
길흉	본명궁이 '금'에게는 생하는 기운을 줌. 본명궁이 '수'에게는 극하는 기운을 줌.
성향	– 만물의 근원인 어머니 같은 대지의 기질을 가지고 있음. – 맡은 일에 충실하여, 좋아하는 파트너가 주변에 많음. – 자립심이 부족하여 크게 대성하기는 어려운 성향임.

8土 간(艮)

오행	숫자	방향	계절	시간	색상	성질	가족	신체
토	8	북동쪽	늦겨울	01~05	황금 자주	돌 언덕	삼남 소년기	코 허리 손가락

직업	경찰관, 기술자, 상담가, 선생님, 지휘자
길흉	본명궁이 '금'에게는 생하는 기운을 줌. 본명궁이 '수'에게는 극하는 기운을 줌.
성향	– 인지력과 직감력이 발달해서 이해가 빠른 편임. – 지식을 유용하게 활용하는 능력이 있어서 전달력이 뛰어남. – 선천적인 변화에 적응이 빠르나 양면성을 가지고 있음.

7金 태(兌)

오행	숫자	방향	계절	시간	색상	성질	가족	신체
금	7	서쪽	가을	17~20	흰색 은색	금속 악기	삼녀 소녀	치아 입술 호흡기

직업	서비스업, 비서, 모델, 귀금속, 연예인
길흉	본명궁이 '수'에게는 생하는 기운을 줌. 본명궁이 '목'에게는 극하는 기운을 줌.
성향	– 어린 소녀같은 순진함으로 주변 사람을 기쁘게 해줌. – 호기심과 창의력이 있어 새로운 것에 몰두하는 성격임. – 정신적인 자유로움이 있어 노는 것을 좋아하는 경향이 있음.

본명궁 상생 개운(開運)법

본명궁		상생 숫자	상극 숫자	상생 색상 (我 /生)	상극 색상	책상 방향
동 사 명	감 (坎) ①水	1,6,7	2,5,8	검은색 /흰색	노란색	서쪽 , 북서쪽
	리 (離) ⑨火	3,4,9	1	붉은색 /푸른색	검은색	동쪽 , 동남쪽
	진 (震) ③木	1,3,4	6,7	푸른색 /검은색	흰색	북쪽
	손 (巽) ④木	1,3,4	6,7	푸른색 /검은색	흰색	북쪽
서 사 명	건 (乾) ⑥金	2,5,6,7,8	9	흰색 /노란색	붉은색	남서쪽 , 동북쪽
	곤 (坤) ②土	2,5,8,9	3,4	노란색 /붉은색	푸른색	남쪽
	간 (艮) ⑧土	2,5,8,9	3,4	노란색 /붉은색	푸른색	남쪽
	태 (兑) ⑦金	2,5,6,7,8	9	흰색 /노란색	붉은색	남서쪽 , 동북쪽

행운을 불러오는 셀프 풍수 인테리어

풍수로 디자인하다

PART

02

타고난 선천운(숙명)을
개운시켜줄 생활 풍수

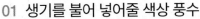

생기를 불어 넣어줄 색상 풍수

이 세상에 완벽한 사주팔자로 태어났다 하더라도 살아가는 삶까지 평탄한 사람은 없다. 모든 삶에는 어려움이 따르기 마련이고, 비록 힘들게 살아갈 팔자로 태어났다 하더라도 그 삶이 고통으로만 점철되지는 않는다. 아무리 좋은 팔자를 타고난 사람도 살아온 길을 되돌아보면 후천적인 노력으로 좋은 운을 불러와 사주팔자에 적용시켜 삶의 질을 높이며 살아가는 것이다.

인간의 삶은 세상에 태어나면서부터 색상 선택의 연속이라고 볼 수 있다. 인간에게 색상 풍수는 물리적, 정신적으로 많은 영향을 끼친다. 건강하고 풍요로운 주거공간을 만들기 위한 양택풍수에서는 특히 색상이 매우 중요한 역할을 한다.

나에게 좋은 기운을 주는 색을 사용했다고 해서 운명이 바뀌는 힘이 바로 생겨나는 것은 아니지만, 조금씩 스며드는 색상의 좋은 기운을 결코 무시할 수는 없다. 색상이 주는 효과는 인간의 심리적인 측면에서 뿐만 아니라 몸의 긴장을 없애거나 혈액의 흐름을 좋게 하는 등 생리적인 측면에서도 효과가 있다.

우리 주변에 있는 모든 물체는 형형색색의 색상들로 덮여 있는데, 그 대표적인 색상을 오행으로 살펴보면 다섯 가지 기본색으로 볼 수 있다. 파랑(목), 빨강(화), 노랑(토), 흰색

(금), 검정(수)이며, 방위로는 파랑은 동쪽, 빨강은 남쪽, 노랑은 중앙, 흰색은 서쪽, 검정은 북쪽이다.

그렇다면 색상풍수를 활용하여 타고난 선천적인 운을 개운시켜 줄 수 있는 물건으로는 무엇이 있을까? 우리가 항상 입고 다니는 의류, 가방, 액세서리, 승용차부터 집, 사무실의 가구나 도배, 커튼 색상까지 다양하다. 이러한 것들을 통하여 자신의 타고난 사주팔자를 개운할 수 있는 오행에 해당하는 색상을 갖춘다면 삶의 질을 높이는 데 많은 도움이 된다.

동양철학에서 말하는 음양론은 두 개의 서로 다른 기가 대립과 교류를 통해 만물의 생과 사의 이치를 깨달아 가는 것이다. 목, 화, 토, 금, 수로 나타내는 오행론은 우주 만물의 본질을 이루는 활동적인 요소를 가리키며, 오행을 어떻게 활용하느냐에 따라 길흉화복도 달라진다.

사람은 사주팔자에 따른 오행의 기가 다르다. 이런 기운을 색상으로 보완할 수 있기 때문에 각각의 색상이 갖고 있는 고유의 기운을 활용하여 사람의 운명을 개운시킬 수 있다. 우리가 어떤 색을 선택하느냐에 따라서 그 사람의 운이 좋아지기도 하고 나빠지기도 하므로, 자신에게 좋은 기운을 주는 색과 나쁜 기운을 주는 색을 구별하는 것이 좋다. 따라서 풍수 인테리어는 자신의 본명궁을 찾아 그 본명궁에 맞는 기운으로, 삶의 질을 향상시켜주는 개운법이라 할 수 있다. 더불어 자신이 어떤 기운을 갖고 태어났는지 알아보고 어떤 색상으로 나의 운이 좋아지고 개운할 수 있는지도 알아보자.

상생과 상극

오행의 상반 대립을 상극이라 하고, 상호교감은 상생이라 한다. 상생의 관계가 되면 만물은 성장과 기운을 북돋아주지만, 상극의 관계로 대립하게 되면 파탄과 절명에 이르기도 한다. 여기서 풍수 인테리어가 추구하는 오행 관계는 상생 속에서 건강운과 재물운을 채워 운명을 개운시켜주는 것이다.

상생 관계는 나무를 태워 불을 살리고 타고 남은 재는 토양이 되며, 토양에서는 금속이 나오고, 금속이 녹으면 물이 되고, 그 물이 식물을 번성시켜 나무가 되어가는 식으로, 서로를 발전시키는 관계를 일컫는다.(木 → 火 → 土 → 金 → 水 → 木)

한편, 상극 관계는 불로 쇠를 녹여 금속기구를 만들고, 그 기구로 나무를 파괴하고, 나무로 흙을 파헤치고, 흙으로 물길을 막고, 물로써 불을 끄는 것과 같이 서로를 파탄에 이르게 하는 관계를 말한다.(水 → 火 → 金 → 木 → 土 → 水)

오행론 (五行論)

오행의 상생				
水生 **木**	木生 **火**	火生 **土**	土生 **金**	金生 **水**
반듯함 아동 푸른색	열정 청년 붉은색	중심 배려 흙색	쇠, 원석 중, 장년 흰색	물, 금전 노년, 태아 검은색

오행의 상극				
木剋 **土**	土剋 **水**	水剋 **火**	火剋 **金**	金剋 **木**
나무 → 흙 파괴	흙 → 물길 막음	물 → 불을 끔	불 → 금을 녹임	금 → 나무 자름

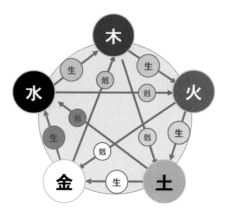

본명궁별 색상

본명궁	1水	2土	3木	4木	6金	7金	8土	9火
오행	수	토	목	목	금	금	토	화
방위	북	남서	동	남동	북서	서	북동	남
나의 색상	검은색	갈색 노란색	파란색 녹색	푸른색 녹색	흰색 은색	흰색 은색	갈색 노란색	빨간색 분홍색
상생 색상	흰색 은색	빨간색 분홍색	검은색	검은색	갈색 노란색	갈색 노란색	빨간색 분홍색	파란색 녹색
상극 색상	노랑 계열	파랑 계열	흰색 계열	흰색 계열	빨강 계열	빨강 계열	파랑 계열	검정 계열
시간	자정	오후	아침	오전	늦저녁	저녁	새벽	정오

본명궁 색상별 유형

본명궁	3木 , 4木	9火	2土 , 8土	6金 , 7金	1水
유형	아동 반듯함 생동감 자존감 안정감 이성적 주관적 준법정신 손재 불화	청년 열정감 사회성 예술감 욕망감 사교적 대중적 매력적 구설 공황장애	중심 배려심 가정적 여유로움 성실함 생활력 외향적 노력형 질투심 불효자	중, 장년 정신세계 원석 (보석) 부귀공명 결실 맺음 승부욕 리더십 자만심 질병 횡액	노년, 태아 금전운 이성적 신비감 윤리적 철학적 비밀문서 사색적 독선적 가정 불화

공간별 행운의 색상

본명궁	1水	2土	8土	3木	4木	6金	7金	9火
방위	북	남서	북동	동	남동	북서	서	남
현관	연회색 연녹색	주황색 연분홍색		핑크색 연녹색		연회색 연갈색		갈색 연녹색
거실	흰색 연회색	아이보리색 연분홍색		연회색 연분홍색		흰색 아이보리색		연분홍색 연하늘색
침실	은색	황금색 연노란색		연하늘색 연녹색		황금색 연노란색		분홍색 연그린색
주방	흰색 검은색	버건디색 분홍색		진회색 붉은색		은색 흰색		녹색 하늘색
욕실	파란색 녹색	황금색 은색		파란색 오렌지색		황금색 진회색		녹색 보라색
바닥재	연회색 검은색	황갈색 노란색		파란색 초록색		흰색 은색		빨간색 분홍색

부부(자녀)의 공통색상

생하는 경우	공통 색상	극하는 경우	공통 색상
木 生 火	파랑 계열	木 剋 土	빨강 계열
火 生 土	빨강 계열	火 剋 金	노랑 계열
土 生 金	노랑 계열	土 剋 水	흰색 계열
金 生 水	흰색 계열	金 剋 木	검정 계열
水 生 木	검정 계열	水 剋 火	파랑 계열

나이대별 색상 사용법

나 이	상 생 물 건
0~20대	책상 , 침대 , 속옷 , 밥그릇 , 가방 , 문구류
30, 40대	침대 , 도배 , 주방 , 속옷 , 자켓 , 지갑 , 가방 , 자동차
50, 60대	침대 , 도배 , 속옷 , 상의 , 침구류 , 지갑 , 액자 , 자동차
70대 이후	침대 , 도배 , 침구류 , 속옷 , 겉옷 , 지갑 , 액자

오행 기운별 색상의 의미와 활용법

나무(木)의 기운

푸른 계열은 남성 답고 강한 기운의 갑(甲)이 되기도 하고, 넓은 포용력을 갖은 을(乙)로 표현되기도 한다. 목의 기운은 씨앗을 나타내기도 하지만, 방금 돋아난 파릇한 새순으로 해석되기도 한다. 나무를 의미하는 파랑과 녹색은 신선한 기운의 에너지를 표출한다. 한창 성장하는 아이의 방에 푸르른 소나무가 그려진 액자를 걸어두면 더욱 생기가 넘치고 학습효과까지 기대할 수 있다. 기운이 없는 성인이나 환자의 방에도 푸른 계열의 식물이나 액자를 가져다 놓으면 생기있는 에너지가 전해져 도움이 되는 좋은 색상이다. 침구류는 푸른 계열, 검정 계열의 색상을 사용하면 더욱 좋다.

불(火)의 기운

붉은 계열은 열정과 에너지가 넘치는 청소년의 기운이다. 가장 정열적이면서 건장한 남성, 성취욕과 리더십을 상징하는 색상이기도 하다. 화의 기운을 적절하게 이용할 줄 아는 사람은 감정조절을 해서 의사 표현을 잘하지만, 넘치는 화의 기운을 다스릴 줄 모르는 사람은 쉽게 흥분하고 자신의 주관적인 생각만 밀고 나가는 오류를 범하기도 한다. 화의 기운이면서도 소심하고 자신감이 없는 사람의 방에는 붉은 계열의 도배지와 조명을 설치해주면 정열적인 색상으로 인해 좋은 에너지가 쌓여 생기가 넘치고 활기찬 생활을 할 수 있다. 침구류는 푸른 계열, 붉은 계열의 색상을 사용하면 더욱 좋다.

흙(土)의 기운

황토 계열은 중심 색상으로서 봄, 여름, 가을, 겨울 사계절에 모두 바탕이 되는 기운이다. 흙은 환절기를 의미하며 남녀가 성장하여 화합을 이루어 자녀를 생산하는 기운이라 할 수 있다. 흙의 에너지가 적절한 사람은 따뜻하고 배려심 있는 공정한 마음의 소유자라 할 수 있다. 그러나 흙의 기운이 넘치면 자신의 존재를 가볍게 생각하는 오류를 범하기도 하고, 반대로 흙의 기운이 부족하면 고집스러운 이기주의가 되는 성향으로 바뀌기 쉽다. 황토색은 재물운과 생산 기운이 강한 색상으로 부부 침실의 도배지나 침구류를 황금 계열로 바꿔주면 재물운과 후손을 모두 가질 수 있는 에너지를 가져올 수 있다. 침구류는 황금 계열, 붉은 계열의 색상을 사용하면 더욱 좋다.

쇠(金)의 기운

금의 기운은 바늘, 칼, 도끼 등 살기가 들어 있는 물건을 상징하기도 하지만 그보다 금전의 결실과 영역의 확장을 위한 에너지를 갖고 있는 의미도 있다. 금의 색상은 흰색의 깔끔하고 정갈한 기운을 내뿜고 있다. 어떤 의사결정이든지 냉정하고 빠르게 판단하여 결정하는데 영향을 주는 색상이기도 하다. 자신의 의사결정이 부족한 아이의 방에는 도배지나 침구류를 흰색 또는 황금색으로 만들어주면 주관적이고 정확하게 표현하는 능동적인 성향으로 바뀌는데 도움을 줄 수 있다. 침구류는 황금 계열, 흰색 계열의 색상을 사용하면 더욱 좋다.

물(水)의 기운

물의 기운을 가진 사람은 노인의 기운과 태아의 기운을 함께 가지고 있으며, 여유롭고 지혜로운 깊은 바다와 같은 어른스러움이 있다. 매사에 양보하고 주변 의견에 따르는 온순한 사람으로 보이지만 한번 화가 나면 걷잡을 수 없다. 기업체의 대표나 연구원으로서 중요한 의사결정을 하거나 자신만의 공간이 필요한 사람은 방안을 검정(회색) 계열이나 흰색 계열로 꾸미거나 수묵화를 걸어두면 도움이 된다. 침구류는 검정 계열, 흰색 계열의 색상을 사용하면 더욱 좋다.

기운을 살리는 숫자 풍수

우주는 합리적인 수(數)의 체계로 돌아가고 있으며, 인간도 태어나면서 각자 고유의 숫자를 가지고 살아간다. 앞서도 거론한 거처럼 세상에 첫 울음을 터트리고 엄마 젖을 먹기 전 아기는 우주의 기운을 먼저 받아들이는데, 이때 선천수(하도수=사주팔자)와 후천수(낙서수=본명궁)가 정해진다.

대부분의 사람들이 가볍게 생각하는 숫자가 그 사람의 운명을 바꿔주는데, 재수를 좋게 하는 숫자도 있고 운을 나쁘게 만들어주는 숫자도 있다.

숫자는 사람의 운명에 신비한 기운을 가져다주는 역할을 하는 중요한 요소이며, 우리가 흔히 쓰는 말 중에 재수*, 운수**, 횡재수***라는 말들이 모두 고유의 기운을 가져다주는 숫자에 해당되는 표현이다.

---

* 재수 : 사람의 운명에 재물운을 가져다 주는 숫자
** 운수 : 사람의 운명에 영향을 미치는 고유한 기를 가져다 주는 숫자
*** 횡재수 : 뜻밖에 재물을 얻을 수 있는 기운을 가져다 주는 숫자
[숫자는 BC3000년경부터 생겼지만 개념화 된 것은 1000년도 안되었음]

하도(河圖)와 낙서(洛書)

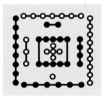

하도

중국 태고시대 5600여년 전, 배달국의 5대 환웅(桓雄)인 태우의 환웅천황 막내아들인 태호복희(太昊伏羲) 씨 때 머리는 용이고 몸은 말의 형상을 한 용마가 하수(河水, 송화강)에 출현, 그 등에 동서남북 중앙으로 일정한 수로 나뉘어 55개의 점이 배열되어 있는 것을 보고 천지창조와 만물 생성의 이치를 담고 있다고 전해지며 낙서와 함께 주역(周易)의 기본이된 그림이다.

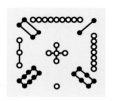

낙서

중국의 하나라 4200여년 전, 홍수를 다스린 것으로 유명한 중국 하(夏)나라 우왕(禹王)이 순임금의 명을 받아 낙수(洛水)강에 나타난 거북이 등에 쓰여진 45개의 점으로 된 9개의 무늬를 보고 신묘한 이치를 깨달았고, 팔괘(八卦)와 홍범구주(洪範九疇)가 여기에서 비롯한 것이라고 전해지고 있다.

하도와 낙서에 관한 3가지 의미

1. 하도와 낙서는 인간이 인위적으로 그린 것이 아니라 천수상(天垂象)한 자연의 계시를 받고 성인이 그린 신물(神物)이라는 점이다. 성인은 말 없는 천지의 뜻을 파악하여 인류를 교화한 선각자였던 것이다.

2. 하도와 낙서가 모두 물에서 출현한 것을 보면, 물은 동양철학에서 응고성(凝固性), 자율성(自律性), 조화성(調和性)의 특징을 가진 우주의 본체라고 할 수 있으며, 맑고 투명하며 막힘없이 통하여 영성(靈性)을 갖고 있다고 볼 수 있다. 그리하여 생명의 근본이며 만물의 근원인 물에서 우주의 원리가 나오게 되었음은 우연이 아니라고 할 수 있다.

3. 하도와 낙서는 모두 수(數)로 이루어져 있다. 서양 수학에서 수는 단지 사물의 질량을 계산하며 측정하는 수단과 방법으로 알고 있다. 그러나 동양에서는 수(數) 자체를 진리의 대변자이며 철학의 대상으로 삼고 있다.

하도 (선천수 = 숙명)

오 행	木	火	土	金	水
숫자	3, 8	2, 7	5, 10	4, 9	1, 6
방향	동	남	중앙	서	북
天干	甲 乙	丙 丁	戊 己	庚 辛	壬 癸
地支	寅 卯	巳 午	辰 戌 丑 未	申 酉	亥 子
신체	간, 담	심장 소장	위장 비장	폐 대장	신장 방광
계절	봄	여름	중앙	가을	겨울
물체	나무	불	흙	쇠	물
색상	청색	적색	황색	백색	흙색

낙서 (후천수 = 운명)

오 행	木	火	土	金	水
숫자	3, 4	9	2, 5, 8	6, 7	1
방향	동 남동	남	남서 북동	서 북서	북
팔괘	震 , 巽	離	坤 , 艮	乾 , 兌	坎
양택	동사택	동사택	서사택	서사택	동사택
신체	간, 담	심장 소장	위장 비장	폐 대장	신장 방광
계절	봄	여름	중앙	가을	겨울
물체	나무	불	흙	쇠	물
색상	청색	적색	황색	백색	흙색

하도는 선천적인 體(몸체)를 보여주므로 하도의 숫자는 선천수(先天數)라 하여 삼라만상의 근본 바탕인 體(체)가 되고, 낙서는 삼라만상을 운행하는 현상으로 用(활용)이 된다.

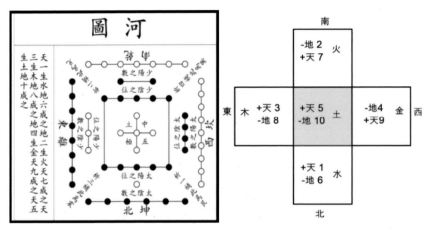

[하도 : 선천수인 체(體)]

복희씨(중국 상고시대 왕)는 하도를 보고 팔괘를 그렸다고 한다.

1, 3, 5, 7, 9 : 천수(天數), 홀수, 양
2, 4, 6, 8, 10 : 지수(地數), 짝수, 음

1, 2, 3, 4, 5는 만물을 생하는 숫자 생수(生數)이고,
6, 7, 8, 9, 10은 만물을 성하는 숫자 성수(成數)이며,
생수에 5를 더하면 성수가 된다.

天數(1+3+5+7+9=25)+地數(2+4+6+8+10=30)=合 55가 되고,
생수 중 '양의 수는 1+3+5=9', '음의 수는 2+4=6'이 되며,
陽을 대표하는 수는 '9'가 되고, 陰을 대표하는 수는 '6'이 된다.

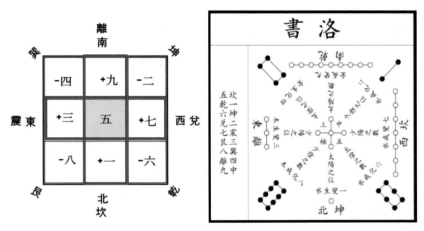

[낙서 : 후천수인 활용(用)]

낙수에서 떠오른 거북이 등에 새겨진 45개의 점 무늬로, 하도의 중앙에 있는 숫자 10이 없어지고 5만 남아있고, 하도는 양과 음의 수가 짝이 되어 동서남북에 배치되어 있지만, 낙서는 각각의 수가 떨어져 배속되었음을 알 수 있다. 낙서는 가로, 세로, 대각선 어느 곳으로 더해도 세 수의 합이 모두 15가 된다.

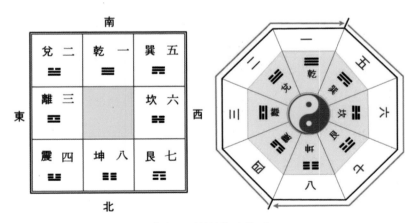

[하도 : 선천복희 팔괘도]

위의 그림은 구궁도에 선천팔괘를 접목한 것이다. 각 괘는 대칭구조를 하고 있으며 대칭

되는 괘 끼리의 합은 9가 되고, 건 괘와 곤 괘가 대칭, 태 괘와 간 괘가 대칭되고 있다.

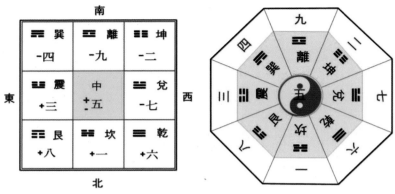

[낙서 : 후천문왕 팔괘도]

후천문왕 팔괘는 후천 팔괘, 낙서 팔괘라고도 하며 우주의 변화와 운용의 법칙을 나타내고 있다. 후천팔괘는 대칭구조가 아니며, 마주 보는 괘끼리의 합이 10이 되는 것을 알 수 있다.

상생 숫자 활용방법

지갑에 넣는 돈은 본명궁의 상생 숫자로 현금을 넣어 주면 재물운을 불러올 수 있다.

예를 들어서 1水인 사람은 1, 6, 7이 상생 숫자이므로, 이 중 마음에 드는 숫자 2개 정도 정해서 지폐로 '5만 원*1장, 1만 원*7장'을 지갑에 넣어 다니면 좋은 재물의 기운이 들어온다. (소리나는 동전은 2개 이상 넣지 말 것)

금고 비밀번호, 은행 비밀번호, 증권 비밀번호, 핸드폰 번호 등 재물과 관계된 통장이나 사람과 연관되는 핸드폰 번호 등에는 본인의 상생 숫자에 상극 숫자 20%(1~2개) 정도 섞어서 사용하면 뜻밖의 횡재수가 있을 수도 있다.

핸드폰 뒷 번호 같은 경우에는 상생 숫자로만 하고, 가운데 4개의 숫자 중에 1개 정도 상극 숫자를 써주면 좋다.

- 경매 입찰가 산정할 때 : 입찰자 본명궁의 상생 숫자로만 뒷부분 금액을 쓰고 마무리 하면 된다.

- 아파트 층, 호를 정할 때 : 소유주 본명궁의 상생 숫자로 정하면 좋다.

- 현관 비밀번호 : 가족들 본명궁의 상생 숫자를 하나씩 섞어서 사용하면 가족들이 좋은 기운을 갖고 생활하게 된다.

- 자동차 번호 : 가장(세대주) 또는 소유주 본명궁의 상생 숫자로 정하는 것이 좋다. (가족의 건강과 관련된 곳에는 상극 숫자는 써주지 않는다. 질병이나 사고 수가 있을 수 있음)

본명궁별 상생, 상극 숫자 (색상)

	본명궁		상생 숫자	상극 숫자	상생 색상 (我 /生)	상극 색상
동사명	감 (坎)	①水	1,6,7	2,5,8	검은색 /흰색	노란색
	리 (離)	⑨火	3,4,9	1	붉은색 /푸른색	검은색
	진 (震)	③木	1,3,4	6,7	푸른색 /검은색	흰색
	손 (巽)	④木	1,3,4	6,7	푸른색 /검은색	흰색
서사명	건 (乾)	⑥金	2,5,6,7,8	9	흰색 /노란색	붉은색
	곤 (坤)	②土	2,5,8,9	3,4	노란색 /붉은색	푸른색
	간 (艮)	⑧土	2,5,8,9	3,4	노란색 /붉은색	푸른색
	태 (兌)	⑦金	2,5,6,7,8	9	흰색 /노란색	붉은색

예시 : 3木, 4木 (生 : 1,3,4 / 剋 : 6,7)

적 요	生하는 숫자	剋하는 숫자
지갑에 넣는 지폐의 수	달러*1, 50000*3, 10000*4	
금고 비밀번호	113346, 634311, 136134	극하는 숫자는 6, 7중에 하나만 들어가야됨
은행 비밀번호	1347,6341,3714,	
증권 비밀번호	113347, 343611, 714133	
핸드폰 번호	**6*-3314, *7**-3314	
자동차 번호	1342589	6,7 빠져야 됨
현관 비밀번호	131489	
아파트 층수 & 호수	3,13,14, (1313,1413)	
경매 입찰가격 산정	3400, 4300, 3100, 1400	600, 700

예시 : 9 火 (生 : 3,4,9 / 剋 : 1)

적 요	生하는 숫자	剋하는 숫자
지갑에 넣는 지폐의 수	달러*3, 50000*4, 10000*9	
금고 비밀번호	334991	극하는 숫자는 1 하나만 들어가야 됨
은행 비밀번호	341499	
증권 비밀번호	433199	
핸드폰 번호	**1*-3499, *1**-9934	
자동차 번호	3349698	1 빠져야 됨
현관 비밀번호	392685	
아파트 층수 & 호수	3,13,19 (1319)	
경매 입찰가격 산정	3900, 9400	100, 1100

예시 : 2土, 8土 (生 : 2, 5, 8, 9 / 剋 : 3, 4)

적 요	生하는 숫자	剋하는 숫자
지갑에 넣는 지폐의 수	달러*2, 50000*5, 10000*9	
금고 비밀번호	228939	극하는 숫자는 3, 4 중에 하나만 들어가야 됨
은행 비밀번호	482899	
증권 비밀번호	223899	
핸드폰 번호	**4*-8899, *3**-2899	
자동차 번호	2925678	3, 4 빠져야 됨
현관 비밀번호	892678	
아파트 층수 & 호수	8,18,19 (2589)	
경매 입찰가격 산정	8900, 2900	300, 3400

예시 : 6金, 7金 (生 : 2, 5, 6, 7, 8 / 剋 : 9)

적 요	生하는 숫자	剋하는 숫자
지갑에 넣는 지폐의 수	달러*2, 50000*6, 10000*7	
금고 비밀번호	679688	극하는 숫자는 9 하나만 들어가야 됨
은행 비밀번호	767829	
증권 비밀번호	678792	
핸드폰 번호	**9*-6788, *9**-8876	
자동차 번호	1235678	9 빠져야 됨
현관 비밀번호	345876	
아파트 층수 & 호수	5,6,7,8,12,15,16,17,18	
경매 입찰가격 산정	6700, 7800	900, 9900

예시 : 1 水 (生 : 1, 6, 7 / 剋 : 2, 5, 8)

적 요	生하는 숫자	剋하는 숫자
지갑에 넣는 지폐의 수	달러*1, 50000*6, 10000*7	
금고 비밀번호	112677	극하는 숫자는 2, 5, 8 중에 하나만 들어가야 됨
은행 비밀번호	668771	
증권 비밀번호	776651	
핸드폰 번호	**8*-6617, *2**-7716	
자동차 번호	7316697	2, 5, 8 빠져야 됨
현관 비밀번호	716679	
아파트 층수 & 호수	6,7,16,17 (1617)	
경매 입찰가격 산정	7600, 6100	800, 8200

가족의 본명궁별 숫자 체크리스트

적 요	3 木, 4 木		9 火		2 土, 8 土		6 金, 7 金		1 水	
	상생숫자 1,3,4	상극숫자 6,7	상생숫자 3,4,9	상극숫자 1	상생숫자 2,5,8,9	상극숫자 3,4	상생숫자 2,5,6,7,8	상극숫자 9	상생숫자 1,6,7	상극숫자 2,5,8
지갑										
금고										
은행										
증권										
핸드폰										
자동차		6, 7은 빠져야 됨		1은 빠져야 됨		3, 4는 빠져야 됨		9는 빠져야 됨		2,5,8은 빠져야 됨
현관										
아파트										
입찰가										

행운을 불러오는 셀프 풍수 인테리어

풍수로 디자인하다

03

상생기운을 끌어오는
양택풍수 배치도

01 공간의 에너지를 움직여
    기운을 바꾸는 방법

공간의 에너지를 움직여 기운을 바꾸는 방법

사람의 건강한 삶은 풍수지리와 매우 밀접한 관계가 있다. 우리나라의 전통사상인 풍수지리설에 의하면, 산과 물 그리고 집을 어떻게 배치하느냐에 따라서 인간의 길흉화복이 바뀐다고 한다. 이러한 풍수지리 사상을 집안의 인테리어에 적용시킨 것을 현대의 양택 풍수인테리어라고 보면 된다.

양택8방향에서 건물의 중요한 세 군데(현관문, 침실, 주방)를 양택삼요라 하고, 출입문의 위치에 따라 양택풍수 24방향 중 8방향을 정하여 집안의 내부구조도를 바꿔 삶에 생기를 불어넣어 주는 것이 풍수 인테리어의 목적이다.

시, 분, 초 단위로 움직이는 넓은 에너지 공간 속에 살아가며 행동하는 모든 것에는 기운이 돌고 있다. 그러한 공간 속에서 나의 본명궁에 맞는 방향과 색상, 숫자로 나의 기운을 바꿔 주어야 한다.

공간의 에너지를 움직여 기운을 바꾸는 방법!!
집안이나 사무실, 영업장의 내부 구조도에서 공간을 어떻게 배치하는가에 따라 건강과 번영에 영향을 주고, 재물과 좋은 기운을 가져다주기도 하며 또는 그 반대가 될 수도 있다.

풍수 인테리어를 적용해서 내부구조를 새롭게 단장하고 바꾸어 건강과 재물, 행운을 가져다준다면 그것만큼 좋은 것이 어디 있을까?

운명은 있는 그대로를 받아들이는 것이 아니고 개척해 나가는 것이다. 각자의 본명궁에 맞추어 방향, 색상, 위치를 바꿔주면 생기있는 에너지가 채워지는 공간이 될 것이다.

방을 정하는 방법

양택 8방향에서 모든 기운은 문을 통해 들어간다. 위 그림에서 부부의 방인 경우 "절명" 방향의 기운은 벽에 막혀서 들어가지 않고, "연년" 방향의 기운만 들어가므로 부부침실은 사랑과 애정이 가득한 공간이 될 것이다. 자녀들의 방을 택할 경우에 연령에 따라서 방을 선택해주는게 좋다. 방안을 꾸미는 도배지, 침구류, 커튼 등은 방을 사용하는 사람의 상생색상으로 해주어야 좋은 에너지를 받아 생하는 기운으로 생활할 수 있는 공간이 될 수 있다.

침대 방향을 정하는 방법

잠자리를 정할 때에는 회두극좌(머리를 두면 안되는 방향)을 참고하여 좌향을 정해야 하는데 아래의 예를 들어보면 "남편=남쪽, 아내=남서쪽"이 피해야 되는 방향이고 방문, 화장실문, 창문을 고려하여 북쪽으로 침대를 두었다.

책상방향 정하는 방법

학생이나 직장인이 책상방향을 정할 때에는 본인의 본명궁에 맞는 방향으로 바라보게 책상을 배치하면 되는데 아래 그림의 예시처럼 "딸=북쪽, 아들=남서or북동쪽"을 바라보게 책상을 배치하였다. 집의 구조상 방향이 맞지 않을 경우에는 최대한 가까운 쪽으로 배치하면 된다.

비보위치 정하는 방법

예시된 주거공간에서

①번 소금항아리를 놓는 위치는 주변 상황이 우리집을 충하는 경우에는 기본적으로 귀문

방향인 남서쪽, 북동쪽에 놓아주면 비보가 되기도 한다.

②번 쌀과 곡식은 쌀항아리에 담아서 주방의 동쪽에 놓아두면 재물운이 좋아진다.

③번 수반이나 분수대는 외부로부터 흉한 기운이 느껴지는 거실에 놓아주면 물이 증발하면서 안좋은 기운이 집안으로 들어오는 것을 막아주는 비보 역할을 한다.

④번 시계, TV, 사진, 어항등 소리가 나는 물건은 거실의 동쪽이나 남동쪽에 두어야 생기있는 기운이 넘치는 주거공간을 만들어 줄 수 있다.

가정집 내부 배치도(예시)

가족의 후천수(본명궁)						
관계	본명궁	행운 숫자	상생 색상 我/生	상극 색상	책상 방향	침대 (X)
父	9火	3,4,9	빨강/파랑	검정	동 동남	남
母	2土	2,5,8,9	노랑/빨강	파랑	남	남서
女	3木	1,3,4	파랑/검정	흰색	북	서
子	7金	2,5,6,7,8	흰색/노랑	빨강	남서 북동	동

- 행운 숫자 : 핸드폰, 자동차, 각종 숫자 등에 쓰임　　- 상생 색상 : 속옷, 이불, 커튼, 도배 등에 사용
- 책상 방향 : 책상에 앉아서 바라보는 쪽임　　- 침대 방향 : 절대 머리를 두면 안 되는 방향
- 그릇 종류 : 유리, 도자기 종류가 좋음　　- 침구 종류 : 단색, 줄무늬, 꽃무늬도 좋음
- 공통 색상 : 노란 계열(연노랑, 황금색 등)

위치	소금	남서쪽, 북동쪽	①
	쌀, 곡식	동쪽	②
	수반 or 분수대	거실 발코니	③
	시계, TV	동쪽, 동남쪽	④

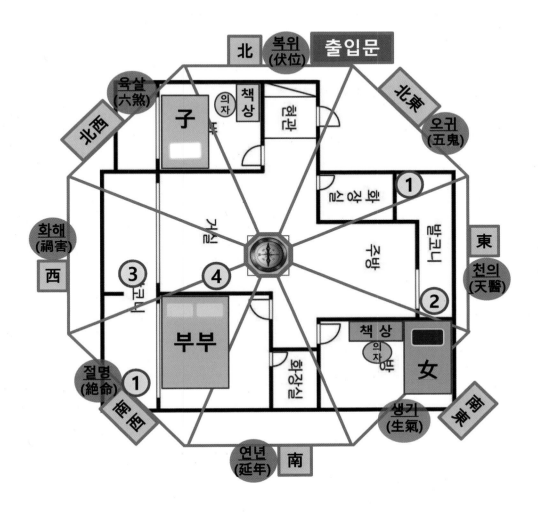

북(北) 복위(伏位) 출입문

육살(六煞)

북서(北西)

북동(北東) 오귀(五鬼)

자(子) 책상 의자 현관

화해(禍害) 서(西)

주방 부부침실 ③ ④

동(東) 천의(天醫)

부부

화장실 책상 의자 ② 女

절명(絶命) 동북(東北) ①

연년(延年) 남(南) 생기(生氣) 남동(南東)

<방향별 설명>
- 생기(生氣) : 사업번창, 자신감충만, 도약
- 복위(伏位) : 재산축적, 경영발전, 횡재
- 연년(延年) : 건강, 사랑, 다복
- 천의(天醫) : 평안, 승진, 올바름
- 화해(禍害) : 구설, 손재, 질병
- 오귀(五鬼) : 불면증, 악몽, 재난
- 육살(六煞) : 악살, 쇠퇴, 불운
- 절명(絶命) : 생활고, 절망, 고립

회사 직급별 자리 배치도(예시=10인이하 사무실의 경우)

대표 & 사원의 후천수(본명궁)						
관계	본명궁	행운 숫자	상생 색상 我/生	상극 색상	책상 방향	위치
대표	9火	3,4,9	빨강/파랑	검정	동 동남	천의
경리	4木	1,3,4	파랑/검정	흰색	북	복위
영업부	7金	2,5,6,7,8	흰색/노랑	빨강	남서 북동	연년
관리부	8土	2,5,8,9	노랑/빨강	파랑	남	생기

– 행운 숫자 : 핸드폰, 자동차, 각종 숫자 등에 쓰임
– 상생 색상 : 책상, 의자, 페인트색 등에 사용
– 책상 방향 : 책상에 앉아서 바라보는 쪽임
– 사무실 내부 : 블루, 그린 계열(연 블루, 연 그린)
– 위치 : 업무 특성별로 앉는 책상 위치

위치	화분	오귀, 화해	①
	소금	서쪽, 북동쪽, 남동쪽	②
	주방, 화장실	육살, 절명	
	휴게실	천의, 연년, 화해	

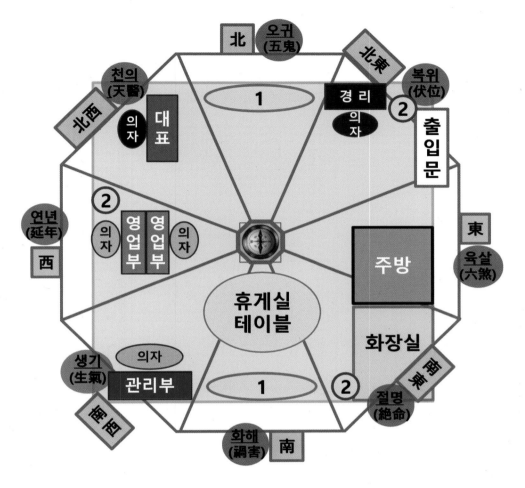

10인 이하의 소규모 사업장에는 방이 따로 없고 대부분 오픈형이다. 이럴 경우 대표의 자리는 천의 방향에 앉는 것이 사업을 안정적으로 운영할 수 있는 기운이 있고, 마케팅과 영업을 하는 팀들은 많은 사람을 만나서 계약을 성사시키고 회사의 매출을 높여야 하는 중요한 직책을 맡고 있기에 좋은 사람들과 인연이 있는 연년방향에 자리를 배치하면 좋다. 대표가 마케팅과 영업을 직접할 경우에도 연년방향이 도움이 된다. 관리부와 경리부는 생기방향이나 복위방향에 배치하면 업무 능률을 향상시킬수 있다.

비보위치 정하는 방법

①번 화분을 비보로 사용한 이유는 대표가 본명궁 "화"이므로 생해주는 "목" 기운인 화분을 놓아 사무실 전체를 생기있게 움직일 수 있도록 하였다.

②번 소금비보를 한 이유는 사무실이나 사업장 처럼 많은 사람들이 드나드는 장소에는 안좋은 기운이 들어와 쌓이게 되므로 巳酉丑 위치인 서쪽, 남동쪽, 북동쪽 3군데를 기준으로 중심 잡아서 사무실의 탁한 기운을 설기시켜서 생하는 기운으로 바꿔주어야 한다.

회사 직급별 자리 배치도(예시=10인이상 사업체의 경우)

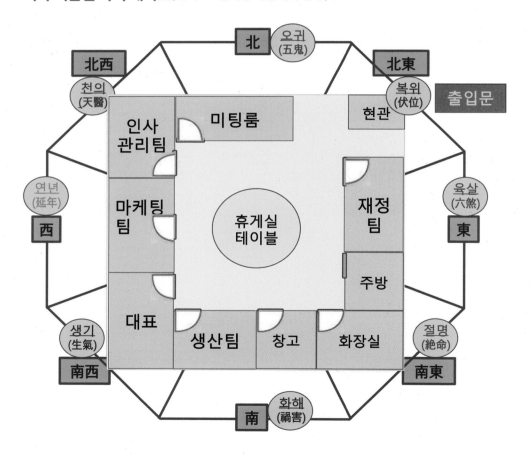

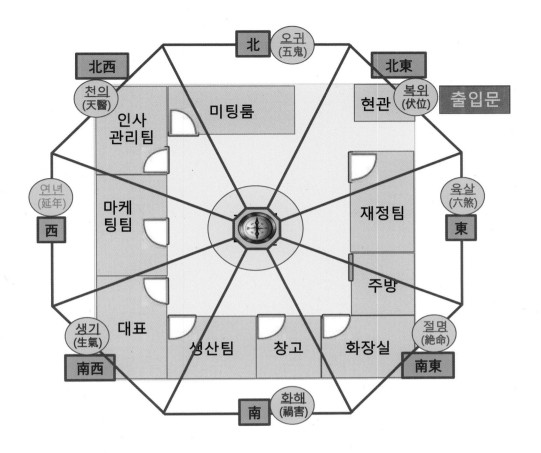

위의 사업체인 경우에는 10인 이하보다는 규모가 크므로 회사의 위치나 주종목을 보고 전체 사원의 사주를 본후에 배치나 비보를 해주어야 하겠지만, 대략적인 배치도는 위와 같이 하면 좋다. 사업체도 문의 방향에 따라 기운이 들어가므로 생산팀(화해방향)이나 재정팀(육살바향)의 기운은 들어가지 않고, "생산팀=생기방향, 재정팀=복위방향"의 기운이 들어가는 것이라고 보면 된다.

전체적인 인테리어는 대표의 본명궁에 맞춰서 해주고, 주변 건물이나 도로 형태에 따라 비보를 해주어야 한다.

대표의 본명궁에 맞춘 실내 인테리어

[재질]

- 목, 화 = 나무, 유리
- 토, 금, 수 = 나무색상, 금속, 대리석

[색상]

- 목 : 푸른 파스텔톤, 그레이 계열
- 화 : 붉은 계열과 그린색의 조화
- 토 : 노란계열이나 핑크계열
- 금 : 화이트, 은색, 아이보리 계열
- 수 : 연한그레이, 화이트, 은색계열

memo

행운을 불러오는 셀프 풍수 인테리어

풍수로 디자인하다

재물운과 건강운을 불러오는 생활 풍수

집안의 운이 시작되는
현관 풍수 인테리어

현관은 바깥의 좋은 기운과 나쁜 기운이 공존하는 집안의 입구로서 출입구인 현관은 언제나 밝게 유지해주어야 하는 중요한 곳이다.

아무리 좋은 명당에 지은 집이라 할지라도 집안의 출입구에 나쁜 기운으로 막혀 있으면 집안으로 좋은 기운이 들어갈 수가 없다. 현관은 집안에서 가장 신경써야 할 위치이다.

출입구의 현관을 어떻게 꾸미는가에 따라 그 집안에 살고 있는 가족들의 기운이 길한 기운 또는 흉한 기운으로 바뀌는데 영향을 끼친다고 볼 수 있다.

현관을 수시로 환기해서 기의 흐름을 좋게 하고, 깨끗하게 유지하는 것만으로도 운을 높일 수 있다. 현관 풍수 인테리어를 잘 활용하여 집안에 금전운과 건강운이 함께 공존할 수 있도록 행운을 불러오는 현관으로 만들어보자.

정돈이 잘된 현관 출입구

현관은 항상 청소되어 있어야 하며, 신발장 부근을 깨끗하게 치우고 신발은 가지런히 놓아야 출입문을 통해서 들어오는 기가 탁해지지 않는다. 한두 켤레의 신발만 신발의 코부분이 앞쪽으로 보이게 현관에 가지런히 정리해 두고 당장 신지 않는 신발들은 신발장에 넣어두자. 재물 운을 부르는 현관풍수의 기본은 청결이다.

항상 닫혀있는 신발장의 경우 일주일에 한 번 정도 문을 열어서 고여 있는 공기를 바꿔주거나 참숯을 신문지에 싸서 넣어두면 좋은 기운이 들어온다. 만약 신발이 신발장 안에다 들어가지 않는다면 상자에 넣어, 바깥에서 몰고온 좋지 않은 기운이 집안에 들어오지 않도록 하는 것이 좋다.

정돈이 잘못된 현관 출입구

현관에 신발을 아무렇게나 벗어놓으면 기를 흩어 놓으므로, 쓸데없이 많은 신발을 현관에 늘어놓지 않는 것이 좋다. 또한 바퀴가 있는 물건(자전거, 유모차, 씽씽카) 등은 현관문 밖이나 베란다에 넣어두어야 한다. 바퀴가 달린 물건이 출입구에 있을 경우, 집안에 이동수가 많아져 이사, 출장, 전근 등이 잦아진다.

또한 신지 않는 신발이 여기저기 늘어져 있다면 들어오는 금전운의 좋은 기운이 달아나게 되니 현관의 신발은 어지럽지 않도록 항상 정리정돈한다.

신발장은 조금 큰 것이 풍수적으로 길하고, 신발을 정리할 때는 색이 밝은 것은 위쪽에, 어두운 것은 아래쪽에 수납하는 것이 좋다. 오랫동안 신지 않은 신발은 안 좋은 기운이 표출되므로 버리는 것이 좋다.

현관 액자와 풍경

꽃이나 식물사진, 풍경화 등을 현관에서 거실 사이 벽에 높낮이가 다르게 걸어두면 기의 흐름이 원활해지고 자연의 좋은 에너지가 집안으로 흘러 들어오게 된다.

그러나 현관문을 열고 들어오는 정면에는 절대로 가족사진을 걸면 안 된다. 현관문을 열 때 들어오는 기운에 나쁜 기운도 섞여 있기 때문에 현관문 정면에 가족사진이 있을 경우 안 좋은 기운을 가족들이 고스란히 받게 되어, 하는 일이 잘 안되거나 몸에 생기가 없고 늘 피곤하고 지치는 상황이 생긴다.

어두컴컴한 현관은 정체된 나쁜 기운들이 모이게 되는데, 이럴 때 현관문 안쪽에는 밝은 등을 켜두고, 문밖에는 종이나 풍경을 달아두면 집안에 사람이 들어오면서 소리가 날 때마다 멈춰진 공기를 깨뜨려 안 좋은 기운을 좋은 기운으로 바꿔준다.

[오순희 작가 그림(블로그 '봄비화첩')]

현관 거울

현관에 걸려 있는 거울은 집안에 금전운과 명예운을 불러오는 좋은 기운의 아이템이다. 그러나 현관문을 열고 정면에 거울이 보이면 집안으로 들어오던 좋은 기운이 반사되어 들어오지 못하게 된다. 거울은 우측이나 좌측 벽의 한군데만 있으면 좋은데, 현관문을 바라보면서 우측에 걸면 건강과 명예운을 불러오고, 좌측에 걸면 금전운을 불러온다.

거울은 전신거울보다는 상반신만 보일 정도의 타원형이나 팔각형 거울에 테두리가 있는 것이 더욱 좋다. 만약 전신거울일 경우에는 아랫부분에 화분을 놓아주면 거울도 가려주고 화초의 기운이 집안으로 들어오는 안 좋은 기운은 막아주어 생기있는 기운만 집안으로 들여보내는 역할을 한다.

현관 매트

현관 매트는 화려하거나 고급스러운 것보다는 소박하고 무난한 매트를 깔아주되 가족의 공통색상이나 가장의 본명궁에 맞추어 매트를 깔아주고 가끔씩 햇볕에 소독해 주는 것이 좋다.

현관 중문

현관과 거실 사이에 중문을 설치하여 현관으로 들어오는 좋지 않은 기운을 걸러주고 좋은 기운만 집안으로 들여보내 주어야 한다. 현관문과 방문(화장실문)이 마주보이는 집인 경우에는 꼭 중문을 설치하여 집안을 전착후관(복주머니 형태)의 거실로 만들어 좋은 에너지로 가득 채워주어야 한다. 중문을 설치하기 어려운 경우에는 파티션이나 커튼으로 대체해도 된다.

- 중문 종류 : 3연동 중문, 자동문,
- 유리 종류 : 투명 유리, 아쿠아 유리, 모루 유리
- 중문 재질 : 나무 재질, PVC 재질

본명궁 木, 火 나무재질 (파랑, 그린 계열)	본명궁 土, 金, 水 PVC재질 (그레이, 화이트 계열)

현관에 두면 좋은 물건

- 문밖에 종이나 풍경
- 관엽식물이나 꽃
- 소박하고 무난한 색상의 매트
- 참숯(신발장 안에 넣어둠)
- 동물모형의 조형물
- 가장의 본명궁에 맞는 환한 액자
- 팔각형이나 원형의 상반신 거울

현관에 두면 안 좋은 물건

- 뿌리나무 장식, 마른꽃 (드라이플라워)
- 안되는 집안에서 가져온 물건
- 외국인형, 사람모양 (특히 나무로된 인형)
- 어둡고 침침한 그림
- 자전거 유모차
- 수석, 돌맹이
- 어지러운 그림이 그려진 현관 매트
- 돌아 가신분 사진
- 전신거울
- 사람 키보다 큰 화분
- 재활용품이나 젖은 우산

우리집 명당
거실 풍수 인테리어

거실은 집안의 중심이 되는 공간으로 가족의 애정운과 밀접한 관계가 있다. 항상 환하고 온화한 분위기로 꾸며주는 것이 좋다.

돈을 부르는 인테리어, 가족 간의 애정을 더욱 좋게 하는 인테리어 등 다양한 이름으로

풍수 인테리어를 접목해서 집을 꾸미곤 한다. 각자 생각하는 바에 따라 인테리어 조건은 달라지지만 풍수 인테리어는 음양오행이 일치하고 밝고 긍정적인 양의 기운이 집안 구석구석을 돌며 부정적인 기운이 쌓이지 않도록 하는 것을 포인트이다.

특히 어두운 구석진 부분이 있으면 **코너등이나 스탠드**를 이용해서 모서리 부분을 향해 빛을 비추어 거실을 환하게 해주어야 가족들이 쳐지지 않고 밝은 마음으로 생활할 수 있다.

집이 큰데 식구가 적으면 점점 가난해지고, 집이 작고 식구가 많으면 집안에 가득채운 가족의 열기로 부자가 된다는 말이 있다. 거실은 가족의 수와 기능을 고려해서 크기를 적당하게 하는 것이 좋은데~ 거실이 너무 작으면 생기가 압축되서 답답함을 느끼고, 지나치게 넓으면 기운이 느슨해져서 외로움이나 우울증이 생긴다.

요즘의 양택은 침실은 작게하고 거실을 넓게 배치하는 경향이 있는데 거실이 너무 넓어서 허전함과 공허함을 느꼈다면 거실의 기운에 사람이 눌려서 사는 결과를 초래하기 때문에 무조건 넓다고 좋은 것은 아니다.

쇼파의 재질 및 색상과 위치

소파는 차가운 가죽의 느낌보다는 **포근한 패브릭 재질**이 가족 간의 화목함을 가져다 준다. 집에 가죽 쇼파를 놓을 경우에는 **천으로 된 쿠션을 양의 수(홀수)**로 놓아주면 가죽의 차가운 기운을 중화시켜 줄 수 있어서 좋다. 쇼파의 색상은 밝은 톤이 거실에 양의 기운을 가져와 긍정의 에너지를 심어주는데, 어두운 무채색의 쇼파를 사용할 경우에는 쿠션이나 바닥 매트를 환한 색상으로 맞춰놓으면 좋다.

쇼파의 위치는 **현관에서 대각선 쪽**이 좋고, 거실 공간이 여유가 있다면 'ㄱ'자 형태로 배치해주어 열심히 일하고, 공부하고 귀가하는 가족을 마주보면서 맞이할 수 있는 위치가 좋다. 거실의 방향에서 서쪽이면 더욱 좋다.

거실의 창문 및 커튼

거실의 창이 너무 크면 집안의 좋은 에너지가 새어나갈 수도 있고, 외부의 나쁜 기운이 여과 없이 들어올 수도 있기 때문에, 건강과 진로에 문제를 발생시킬 수 있다. 커다란 통유리 창문을 바꿀 수 없다면 시트지를 이용해서 격자창을 만들거나, **수반이나 식물 화분** 등을 놓아 외부로부터 들어오는 안 좋은 기운을 막아주어야 한다. 또한 창문에는 얇은 커튼이나 버티컬을 설치해서 인테리어 효과와 함께 풍수적으로 좋은 기운이 거실에 머물게 해야 한다.

테이블, 가전제품, 액자

거실 테이블이 사각형이면 뾰족한 모서리에서 나쁜 기를 내뿜기 때문에 모서리가 없는 **둥근 형태의 원목 테이블**이 좋은데 사각 테이블일 경우에는 원형의 테이블보를 이용해서 사각 테이블의 모서리살을 설기시켜 주면된다.

세련된 거실 인테리어를 위해 유리 테이블을 두거나 테이블 위에 유리를 까는 경우가 있는데 되도록이면 피하는 것이 좋다. 유리 테이블처럼 차가운 기운을 가진 소재의 테이블은 좋은 기를 반사시키기 때문에 거실에 유리 테이블이 놓여 있다면 천을 덮어서 온화한 기운으로 바꿔준다.

거실에 놓이는 티비, 오디오, 시계 등은 거실의 방향에서 동쪽에 두는 것이 거실을 생동감 넘치는 공간으로 만들 수 있다.

거실이 작아 시각적으로 넓어 보이도록 커다란 거울을 벽에 부착해서 디자인한 경우가 많은데, 거실을 비추는 거울은 가족의 화목한 분위기를 해칠 수 있으므로 두지 않는 것이 좋다. 그러나 거실에 어둡고 구석진 공간이 있다면, 작은 거울을 달아 공간을 넓어 보이게 하는데, 주의할 것은 거실 밖에서는 거울이 보이지 않도록 해야 한다.

거실 벽에 추상화나 가훈을 걸어두면 좋은 기운이 머무르지 않는다. 거실에는 금전운을 상승시켜주는 오렌지 색상의 꽃, 식물 등의 그림 액자나 거실을 명당으로 만들어줄 풍경화 등의 풍수 액자를 쇼파 쪽 벽면이나 서쪽에 걸어두는 것이 좋다.

[오순희 작가 그림 (블로그 '봄비화첩')]

※ 요즘 새로 짓는 아파트나 빌라는 공간을 넓게 쓰기 위해서 거실이나 방을 확장하는 경우가 대부분인데 거실은 확장을 하지 않는 것이 좋다. 거실을 확장하는 것은 주택의 내구력을 약화시키고 풍수상 흉한 기운이 여과없이 집안으로 들어올 수 있어 좋지 않다. 이미 개조를 했다면 벽을 허문 부분에 잎이 둥근 활엽수를 두어 생기를 모아 주어야 한다.

가족의 거실 색상

거실은 부부나 가족의 공통색상으로 쇼파, 도배, 커텐, 바닥매트 등의 색상을 맞춰주어 가족들이 서로 소통하는 공간으로 만들어 주어야 한다.

부부의 공통 색상

생하는 경우	공통 색상	극하는 경우	공통 색상
木 生 火	파랑 계열	木 剋 土	빨강 계열
火 生 土	빨강 계열	火 剋 金	노랑 계열
土 生 金	노랑 계열	土 剋 水	흰색 계열
金 生 水	흰색 계열	金 剋 木	검정 계열
水 生 木	검정 계열	水 剋 火	파랑 계열

1인 가구의 거실 색상

• 목 : 푸른 파스텔톤, 그레이 계열(쇼파 – 검정이나 짙은 그레이)
• 화 : 붉은 계열과 그린색의 조화(쇼파 – 진한 초록색)
• 토 : 노란계열이나 핑크계열(쇼파 – 버건디색)
• 금 : 화이트, 은색, 아이보리 계열(쇼파 – 황금색)
• 수 : 연한그레이, 화이트, 은색계열 (쇼파 – 화이트나 블랙)

거실의 예시

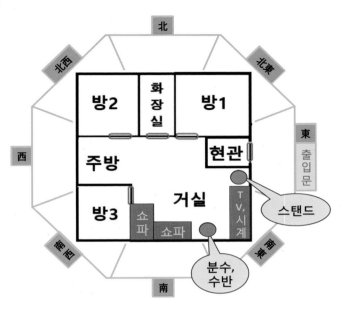

거실 체크포인트

물 건	좋은 기운	안 좋은 기운
탁 자	각이 지지 않은 둥근 모서리	어두운 색, 오래도록 쓰지 않은 것
액 자	가을 들판 풍경, 평안한 마을 풍경, 오행에 맞는 색의 그림	험악한 동물 액자, 동물 박제
화 분	둥근 잎의 관엽식물, 활엽수, 가족이 앉은 키보다 낮은 것	뾰족한 식물(침엽수), 키 큰 화분
커 튼	파스텔톤 색상의 얇은 커튼	암막 커튼(침실에 좋음)
쇼 파	천으로 된 쇼파(가죽 쇼파는 천 쿠션 놓음)	거실에 꽉찬 크고 어두운 색 쇼파
코너등	벽 모서리를 향해 비춰짐	가족이 앉았을 때 머리 위
어항, TV, 시계	거실의 동쪽	거실의 서쪽, 북쪽

거실에서 깨끗이 비워야 할 방향

집안 가장의 나이띠로 보아 반안살 방향에 해당 되는 이곳은 좋은 기운이 머무는 공간이라고 보면 된다. 이곳이 지저분하거나 물건으로 가득차서 막혀 있다면 좋은 기운이 순환되지 않아서 평안한 일상이 되기 어렵다.

거실은 온 가족이 머무는 공간이면서 집안의 가장을 중심으로 만들어지는 공간이라고 할수 있다. 어느 집안이든지 가장이 건강하고 생기 넘치는 생활이 되면 가족이 모두 평안한 가정이 되는 것이다.

거실의 중앙에서 나침반으로 방향을 재보고 아래의 띠별로 해당되는 위치를 깨끗하게 청소하고 밝게 해주면 집안이 좋은 기운으로 돌아가게 된다.

반안살 방향	해당되는 띠	참고사항
술(戌) – 서북쪽	뱀, 닭, 소	
미(未) – 남서쪽	호랑이, 말, 개	반안살(攀鞍殺) 방향은 깨끗이 청소하고 밝게 해주어야 할 공간
진(辰) – 동남쪽	돼지, 토끼, 양	
축(丑) – 북동쪽	원숭이, 쥐, 용	

SECTION 03

편안한 잠자리
침실 풍수 인테리어

우리가 살고 있는 집을 양택 8방향으로 볼때 양택삼요를 중심으로 집의 구조를 보게 되는데 이 3군데는 현관문, 침실, 주방을 말한다.

이렇게 집안에서 가장 중요하게 생각하는 침실은 숙면을 통해서 가장 근본적인 에너지를 보충해주는 곳이며, 하루의 피로를 풀고 새로운 기운을 받아들이는 휴식의 공간이다. 대부분의 사람들은 평생의 1/3을 잠자는 시간으로 보내게 되므로 숙면을 취하는 잠자리는 항상 생기있는 에너지가 순환될 수 있도록 배치해서 평온한 밤을 보내고 개운한 아침을 맞이할 수 있는 공간으로 만들어 주어야 한다.

잠을 자면서 좋은 기운을 받느냐? 안좋은 기운을 받느냐? 에 따라 나의 운이 바뀌기도 하기 때문에 **잠을 자는 방의 방향**이나 **잠잘 때 머리를 두는 방향**은 양택풍수 인테리어에서 제일 중요한 부분이라고 볼 수 있다.

양택삼요로 보는 집의 중심 위치

집을 지을때나 지어진 집을 선택할 때는 문(출입문), 주(생기방), 조(주방)의 방향이 제대로 되어 있는지 체크해보는 것이 중요하다.

숙면을 취해야 하는 편안한 잠자리를 위한 침대위치는 머리두는 방향을 안좋은 곳을 피해서 편안한 곳에 침대를 배치해야 한다.

머리를 두는 방향에 화장실, 방문, 창문, 거울, 하수구, 화구 등이 있는 곳을 피해야 하며 어쩔 수 없는 경우에는 머리두는 부분에 15센치 정도 띄우거나 가림막을 설치해 주어야 한다.

편안한 침대 위치

방문을 열면 대각선 방향이 생기가 모이는 공간이므로 그 방향에 머리를 두는 것이 좋다. 머리를 두는 방향은 아무것도 없는 벽이 제일 좋다.

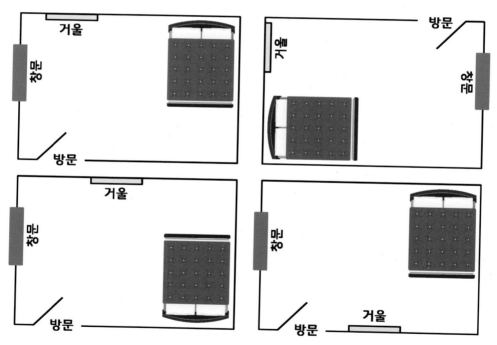

피해야 할 침대 위치

방문을 열었을 때 발이나 머리가 정면으로 보이는 곳이나 자는 모습이 거울에 비치는 위

치 또는 머리두는 방향에 창문이 있는 위치, 머리쪽 벽뒤로 화장실 변기나 하수구 또는
가스렌지가 있는 위치는 피하는게 좋다.

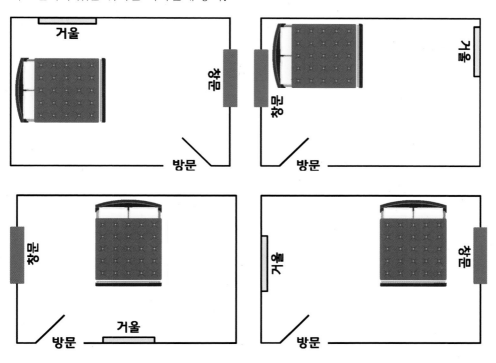

출입문 (문)			생기방(주)	주방(조)
동사택	북쪽 방향	감(坎)	동남쪽	북서쪽
	남쪽 방향	리(離)	동쪽	남서쪽
	동쪽 방향	진(震)	남쪽	동북쪽
	동남쪽 방향	손(巽)	북쪽	서쪽
서사택	북쪽 방향	건(乾)	서쪽	북쪽
	남서쪽 방향	곤(坤)	동북쪽	남쪽
	동북쪽 방향	간(艮)	남서쪽	동쪽
	서쪽 방향	태(兌)	북서쪽	동남쪽

띠별로 머리두는 좋은 방향

- 잠자리를 정할 때는 각자의 띠별로 머리두는 방향을 정하는 것이 좋다.
- 첫번째는 나에게 좋은 반안살 방향에 침대를 놓고, 두번째는 머리두면 안되는 회두극좌 방향을 피해서 배치하여야 한다.

띠별로 보는 반안살 방향

년지	寅午戌 호랑이, 말, 개	申子辰 원숭이, 쥐, 용	巳酉丑 뱀, 닭, 소	亥卯未 돼지, 토끼, 양
반안살	미(未)	축(丑)	술(戌)	진(辰)
방향	남서쪽	북동쪽	서북쪽	동남쪽
시계	7시 방향	1시 방향	10시 방향	4시 방향

예시 1

원숭이띠 1980년 경신생 반안살(북동방향), 회두극좌(서쪽)

- 위치 찾는방법 : 방의 중앙에서 나침반으로 북동쪽 방향을 찾아서 서쪽 방양만 피하고 나머지 7방향 중에 방문과 대각선인 방향을 찾아서 침대 머리를 향하게 두면 된다.

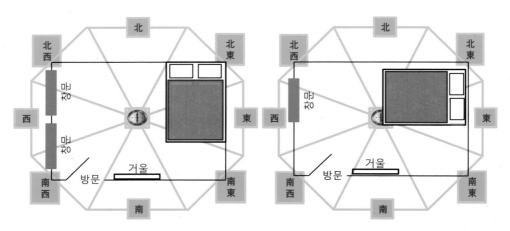

[회두극좌 = 띠별로 절대 머리두면 안되는 방향]

中宮 (4 綠巽)	乾宮 (3 碧震)	兌宮 (2 黑坤)	艮宮 (1 白坎)	離宮 (9 紫離)	坎宮 (8 白艮)	坤宮 (7 赤兌)	震宮 (6 白乾)	巽宮 (5 黃中)
무관함	北西	西	北東	南	北	南西	東	南東
1924 甲子	1925 乙丑	1926 丙寅	1927 丁卯	1928 戊辰	1929 己巳	1930 庚午	1931 辛未	1932 壬申
1933 癸酉	1934 甲戌	1935 乙亥	1936 丙子	1937 丁丑	1938 戊寅	1939 己卯	1940 庚辰	1941 辛巳
1942 壬午	1943 癸未	1944 甲申	1945 乙酉	1946 丙戌	1947 丁亥	1948 戊子	1949 己丑	1950 庚寅
1951 辛卯	1952 壬辰	1953 癸巳	1954 甲午	1955 乙未	1956 丙申	1957 丁酉	1958 戊戌	1959 己亥
1960 庚子	1961 辛丑	1962 壬寅	1963 癸卯	1964 甲辰	1965 乙巳	1966 丙午	1967 丁未	1968 戊申
1969 己酉	1970 庚戌	1971 辛亥	1972 壬子	1973 癸丑	1974 甲寅	1975 乙卯	1976 丙辰	1977 丁巳
1978 戊午	1979 己未	1980 庚申	1981 辛酉	1982 壬戌	1983 癸亥			
1984 甲子	1985 乙丑	1986 丙寅	1987 丁卯	1988 戊辰	1989 己巳	1990 庚午	1991 辛未	1992 壬申
1993 癸酉	1994 甲戌	1995 乙亥	1996 丙子	1997 丁丑	1998 戊寅	1999 己卯	2000 庚辰	2001 辛巳
2002 壬午	2003 癸未	2004 甲申	2005 乙酉	2006 丙戌	2007 丁亥	2008 戊子	2009 己丑	2010 庚寅
2011 辛卯	2012 壬辰	2013 癸巳	2014 甲午	2015 乙未	2016 丙申	2017 丁酉	2018 戊戌	2019 己亥
2020 庚子	2021 辛丑	2022 壬寅	2023 癸卯	2024 甲辰	2025 乙巳	2026 丙午	2027 丁未	2028 戊申
2029 己酉	2030 庚戌	2031 辛亥	2032 壬子	2033 癸丑	2034 甲寅	2035 乙卯	2036 丙辰	2037 丁巳
2038 戊午	2039 己未	2040 庚申	2041 辛酉	2042 壬戌	2043 癸亥			

예시 2

토끼띠 1963년 계묘생 반안살(남동방향), 회두극좌(북동쪽)

- 위치 찾는방법 : 방의 중앙에서 나침반으로 남동쪽 방향을 찾아서 북동쪽 방향만 피해서 나머지 7방향 중에 방문과 대각선인 방향을 찾아서 침대 머리를 향하게 두면 된다. 방문과 대각선 방향이 안될 경우에는 문을 열었을 때 발바닥이 직선으로 보이는 방향만 피하면 된다.

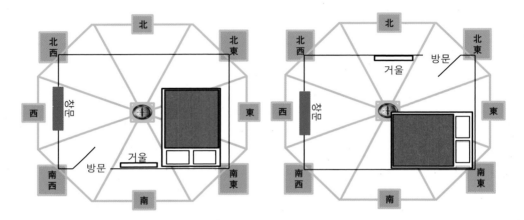

침실에서의 주의점

- 티비가 침실에 있으면 전자파로 인한 수면방해로 몸의 균형이 깨지고 피곤하다.

- 뾰족한 물건인 과도, 포크, **선인장** 등은 바늘과 같아서 살의 기운을 내뿜으므로 좋은 기운이 흩어진다.

- 가족사진, 인물화, 추상화, 연예인 사진 등은 거실에 걸어두고, 침실에는 방을 쓰는 사람의 사진만 두는 것이 좋다. 부부의 방에 **추상화나 인물화**를 두면 부부 간의 애정에 금이 갈 수 있다.

- 드라이플라워나 수석은 음의 기운을 강하게 발산하므로 침실의 기운을 차게 만들어

건강에 해로울 수 있다.

- **전신거울**은 잠잘 때 또는 거실이나 창밖에서 볼 때, 내부가 보이게 되면 침실 안의 좋은 기운을 반사시켜 내보내고, 숙면을 취할 수 없어서 자고나도 늘 피곤함을 느낀다.

- 시간이 맞지 않거나 고장난 시계, 짝 잃은 소품 등은 평화로운 침실 에너지의 흐름을 깨뜨릴 수 있다.

- **장롱 위, 침대 밑, 옷장 위, 화장대 위 등의 공간에 물건을 쌓아두게 되면** 침실에 흐르는 기의 순환이 막혀서 편히 잠을 잘 수 없다.

- 침구류와 커튼이 모두 화려한 것은 좋지 않다. 이불이 화려하면 커튼은 단순한 것이 평화로운 조화를 이루어준다.

- 풍수적으로 침실의 창문은 너무 크지 않은 것이 좋고, 조명은 약간 어둡고 은은해야 재물이 쌓인다.

- 침대 헤드는 조금 높고 두께가 15센치 이상되어야 하며, 단순하거나 약간 둥근 것이 좋다. 잠잘 때 머리 위에 있는 침대 헤드 모양이 많이 꺾이고 굴곡진 것은 편안한 잠자리가 되지 않아 삶을 꼬이게 할 수도 있다.

- 잠자는 머리 방향에는 **각자의 상생 색상으로 도배**하거나 커튼을 치고 자면 숙면하면서 기운을 얻어 활기찬 아침을 맞이할 수 있다.

- 가스레인지, 개수대, 화장실, 창문 쪽은 머리를 두지 않아야 하는데 어쩔 수 없을 때에는 **암막 커튼**을 치거나 **파티션**을 설치한다.

- 발코니 확장한 곳은 벽에 차단 시설 후에 도배하고 암막 커튼으로 외부를 차단한다.

- 머리 두는 부분에 큰 액자나 조형물을 설치하면 잠자는 동안 기에 눌려서 조금씩 몸이 약해지게 된다.

[선인장]

[추상화]

[인물화]

[드라이 플라워]

본명궁별 침실 색상

본명궁별 침실 색상 (木)

[파란색 커튼]

[회색 커튼]

본명궁별 침실 색상 (火)

[빨간색 커튼]

[그린색 커튼]

본명궁별 침실 색상 (土)

[빨간색 이불]

[골드 이불]

본명궁별 침실 색상 (金)

[흰색 이불]

[노란색 이불]

본명궁별 침실 색상 (水)

[회색 이불]

[흰색 이불]

가족의 건강을 책임지는 주방 풍수 인테리어

집안에서 주방은 우리 가족의 건강운과 재물운에 가장 밀접한 공간이라고 볼 수 있다.

풍수경전인 양택삼요에서도 주방은 가족의 건강과 직결되는 공간으로 안방 대문과 함께 중요한 3요소중 한군데로 양택 8방향에서 육살 방향에 있는게 좋다. 육살방향에 주방이 위치하면 조왕신이 집안의 안 좋은 기운을 태워서 없애 주고 가족의 재물운과 건강운을 지켜주는 역할을 하는 중요한 곳이라고 볼 수 있다.

또한 주방은 설겆이가 쌓여 있거나 지저분하면 집안의 재물운을 지켜줄 수 없기 때문에 항상 청결을 유지해 주는게 좋고, 물, 불, 칼 등이 존재하여 부딪치고 충돌하는 기운이 많은 곳이기 때문에 주방기기를 충돌하지 않게 잘 배치해서 안전하고 건강한 주방을 만들어 주어야 한다.

씽크대의 색상은 주방을 책임지는 사람의 본명궁에 맞는 색상으로 설치하고, 식탁위의 조명은 밝고 따뜻한 느낌이 나게 설치해주면 음과 양의 조화가 잘 어우러져서 가족의 화목한 대화가 오가는 공간이 될 것이다.

주방의 위치

집안에서 주방의 위치는 동쪽이나 남동쪽이면서 양택풍수로 볼 때 육살 방향이면 아주 좋은 위치라고 할 수 있다. 아침에 떠오르는 동쪽의 해처럼 활기찬 하루를 시작하는 공간 이면서 집안의 나쁜 기운을 태우거나 씻겨서 소멸시켜 버리는 육살 방향이면 집안의 기운이 양의 기운으로 순환되어 돌아간다고 볼 수 있다.

가족의 건강도 지키고 금전운도 불러들이는 주방을 셀프로 꾸밀 수 있도록 알아두면 좋은 몇가지 팁을 소개한다.

주방의 예시

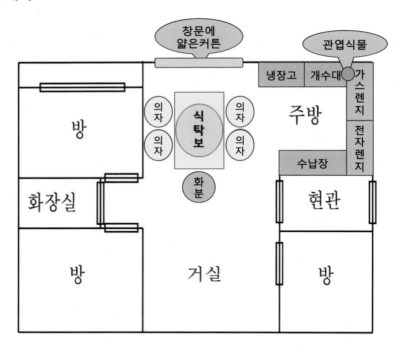

• 개수대와 가스렌지가 바로 옆에 있다면 중간에 관엽식물이나 얕은(높이 10센치정도) 칸막이를 두어 물과 불이 충돌하는 현상을 설기시켜 주어야 한다.

- 주방에 외부와 바로 통하는 창문이 있다면 얇은 커튼으로 창문을 가려서 외부의 양의 기운은 들어오게 하고, 금전의 기운은 나가지 못하게 해주어야 한다.
- 주방과 거실이 일직선으로 되어있으면 중간에 화분을 놓아 주방의 안좋은 기운이 거실로 가지 않도록 해주는게 좋다.

식탁의 모양, 재질, 위치, 색상

주방 안에서 식탁의 위치는 동쪽이면 좋은데, 그보다 더 중요한 것은 식탁의 모양과 재질 색상이다. 식탁의 재질은 나무가 제일 좋다. 대리석이나 유리로 된 식탁은 차갑고 충돌하는 기

운이므로 화목한 식사시간이 방해를 받을 수 있어서 좋지 않다. 이럴 경우에는 천으로 된 식탁보를 씌워서 가족이 건강한 식사를 할 수 있도록 보완해주는 것이 좋다.

또한 식탁의 모양은, 원형 식탁은 화목한 가정을 만들어주고, 사각형의 식탁은 재물운을 불러들이는 기운이 있는데 사각형 식탁이면 둥근 식탁보를 씌우고, 둥근 식탁에는 사각형의 식탁보를 씌워서 재물운과 함께 화목한 가정을 만들어주는 균형을 맞추면 더욱 좋다.

주방이 넓지 않을 경우에 사각형의 식탁을 벽에 붙여서 사용하기도 하는데, 이것은 기의 흐름이 막혀서 좋지 않다. 집안의 기운이 원활하게 돌아가야 모든 일이 순조롭게 풀리게 되니 식탁 놓을 장소가 협소하더라도 벽에서 약간 띄워서 사용하는 것이 운의 흐름을 막히게 하지 않는다.

식탁위의 등은 부드럽고 밝은 불빛이 음식을 맛있고 편안히 먹을 수 있게 해주는 효과가 있다. 주방의 전체 색상은 주로 사용하는 사람의 본명궁에 맞게 꾸며주는 것이 건강한 주방을 만들어주는 방법이다.

식탁 모양	식탁보	본명궁별 주방 색상(씽크대)
사각형	원형	• 3, 4 목 : 연한 그레이, 블루, 그린 • 9 화 : 연블루, 그린, 붉은계열, 핑크, 주황 • 2, 8 토 : 환한 붉은 계열, 핑크, 주황, 노랑, 황금 • 6, 7 금 : 황금, 연노랑, 화이트 • 1 수 : 화이트, 연그레이
원형	사각형	

[둥근 식탁]   [사각 식탁]

가전제품 주의점

주방은 불(전자레인지, 가스레인지, 오븐 등)의 기운과 물(냉장고, 개수대, 정수기 등)의 기운이 함께 공존하는 공간이다.

이렇게 두 가지 기운을 마주보게 놓거나 나란히 놓으면 음과 양의 기운이 서로 충돌하여 가족들에게 좋지 않은 일이 있을 수도 있기 때문에 되도록 'ㄱ'자 형태로 가전제품이 겹치지 않도록 배치해주는 것이 좋다.

공간이 협소하여 붙여놓을 수밖에 없다면 작은 관엽식물을 '불'과 '물' 제품 사이에 놓던지 '나무'의 색상인 푸른색 계열의 천으로 씌워 주면 충돌하는 기운을 중화시켜주기도 한다.

[개수대와 렌지 사이의 관엽식물]

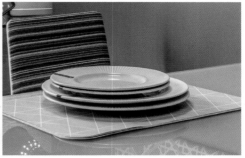
[주방 그릇]

쌀, 그릇, 조리도구 이용법

• 쌀알은 한알 한알이 재물과 같기 때문에 부엌의 동쪽에 놓고 쌀독 바닥이 보이지 않도록 채워두는 것이 집안의 금전운을 좋게 해준다.

• 그릇은 집안에 복을 담는 역할을 한다. 깨끗이 닦은 후에 엎어놓지 말고 바로 포개 놓는 것이 좋다.

• 조리도구는 나무로 된 것보다는 스테인리스나 세라믹 재질을 사용하는 것이 좋다. 나무로 된 조리도구는 흡수하는 성질이 있기 때문에 설거지를 할 때 세재를 흡수했다가 음식을 조리할 때 열기에 흡수했던 찌꺼기가 나와서 음식 속에 들어갈 수도 있기 때문에 나무로 된 조리도구는 찬 음식에만 사용하는 것이 좋다.

• 주방의 전구는 밝은등으로 사용하는 것이 좋고, 식탁 위의 등은 약간 노란 계열의 색상이 음식을 맛있어 보이게 하고 편안한 식사 분위기를 조성해주기 때문에 소화에도 좋다. 그러나 식탁을 배치할 때 가족이 앉는 머리 위에는 등이 있으면 직충살을 받을 수 있으므로 잘 살펴보고 식탁을 배치한다.

• 주방과 거실이 구분이 안 되어 있을 시에는 주방 입구 쪽에 잎이 넓은 활엽수 화분을 하나 두어 주방의 좋지 않은 기운을 흡수하고 좋은 기운이 거실로 퍼질 수 있도록 하는 것이 좋다.

• 주방에는 집안의 좋지 않은 음의 기운을 태워서 소멸시키는 장소이기 때문에 금전(지갑, 통장, 보석 등)과 관련된 것은 두지 않는 것이 좋다.

[식탁 조명]

[주방 화분]

본명궁별 주방 인테리어 색상

• 목 : 연한 그레이, 블루, 그린
• 화 : 연한 블루, 그린, 환한 붉은 계열, 핑크, 주황, 등등
• 토 : 환한 붉은 계열, 핑크, 주황, 노랑, 황금
• 금 : 황금, 연노랑, 화이트 계열
• 수 : 화이트, 연한 그레이 계열

양의 기운 가득한
화장실 풍수 인테리어

화장실은 木火土金水 오행중에 '수'에 해당하는 공간이며, 물의 기운이 강해서 음기가 가득한 곳이다. 하루를 시작하기도 하고, 마무리도 하는 공간으로서 건강과 직결되어 있는 공간이라고 생각하면 된다.

예전에는 뒷간, 측간이라고 하며 냄새로 인해 집안과 먼 곳에 두어야 하지만 추운 날씨에는 용변을 보기 위해 힘을주다 탈이 날수도 있어서 따뜻한 위치에 화장실을 설치했다고 한다.

화장실은 주거 공간 중에 수의 기운이 매우 강한 공간이기 때문에 강한 음기가 발생하는 것을 눌러주고, 부족한 양의 기운을 북돋아 음양의 조화를 맞춰 주어야하며, 가족의 건강과 밀접하기 때문에 청결, 배수, 환기가 제일 중요하다고 볼 수 있다.

이런 화장실 공간은 거실이나 방, 주방보다도 양의 기운을 더 많이 북돋아 주어 항상 밝고 쾌적한 화장실을 유지시켜 주어야 한다.

화장실은 양택풍수 팔택법으로 보면 절명, 오귀 방향에 있는 것이 가장 좋다.

화장실 방향 및 색상

집안에서 화장실은 동쪽 방향에 있는 것이 물의 기운이 생해주기 때문에 좋다. 반대로 남쪽 방향은 불의 기운이기 때문에 물과 불이 만나는 격이라 충돌이 생길 수 있다. 혹시 화장실이 남쪽에 있다면 목의 기운인 나무(화분)를 두거나 그린 색상의 타일로 마감을 해주면 충돌하는 기운을 완화시켜줄 수 있다. 화장실의 타일 색상은 집안에서 가장의 본명궁에 맞는 색상으로 하면 되는데, 취향에 따라서 파스텔톤의 은은한 색상이나 진한 원색으로 해도 무방하다. 화장실에 되도록 피해야 할 색상은 검은색이다. 물의 기운이 검은색으로 음의 색상인데 이곳에 검은색 타일로 음의 기운을 더해준다면 아무리 조명이 밝아도 양의 기운이 약할 수밖에 없으므로 가족의 건강에 나쁜 영향을 끼친다.

본명궁	상생 색상
3목 4목	• 블루, 그린 (파스텔톤과 원색을 이용) • 나뭇잎 모양의 타일로 포인트를 주면 좋음
9화	• 블루, 그린, 붉은 계열, 핑크, 주황 • 연한 바탕색에 진한 그린색의 포인트가 좋음
2토 8토	• 붉은 계열, 핑크, 주황, 황금 • 연한 바탕에 황금색으로 포인트를 주면 좋음
6금 7금	• 황금, 연노랑, 화이트 • 황금색 타일이 금전운의 기운을 제일 많이 받음
1수	• 화이트, 그린, 블루 • 깨끗한 화이트 바탕에 나뭇잎 색상으로 포인트를 주면 좋음

[(木) 욕실 그린 타일]

[(火) 욕실 핑크 타일]

[(土) 욕실 황금 타일]

[(金) 욕실 화이트 타일]

[(水) 욕실 블루 타일]

화장실 체크포인트

양(陽)의 기운	• 조명 : 한여름 오후 2시 정도의 밝은 불빛 • 칫솔 : 소금물에 매일 소독(뚜껑 사용 시 세균번식) • 타월 : 사용 후 젖은 타월은 걸어두지 말 것 • 거울 : 얼룩지지 않게 깨끗이 닦아줄 것 • 환풍기 : 24시간 켜두어도 좋음 • 냄새 제거 : 개음죽 화분, 참숯(가끔 끓는 물에 소독 후 햇볕에 말려서 사용함) • 물기 제거 : 스퀴지로 물기 닦아내기
음(陰)의 기운	• 변기 : 항상 뚜껑을 닫고 내릴 것(작은 입자들이 공중에 흩날림) • 책 : 나쁜 기운 속에 오래 앉아 있으면 건강에 안좋음 • 여성용품 : 습기를 흡수해서 곰팡이균이 생길 수 있음 • 날카로운 물건 : 맨몸으로 넘어질 경우 크게 다칠 수 있음 • 전자기기 : 습기에 약하고 쉽게 부식됨(드라이기, 핸드폰) • 청소용품 : 깨끗이 씻어서 락스 뿌린 후 햇볕에 말려줌

화장실 설치시 주의점

• 현관문과 마주 보이는 위치는 피하는게 좋다. 현관에서 들어오는 좋은 기운이 화장실로 바로 들어갈 수 있기 때문에 현관문과 마주보이는 곳에 화장실이 있다면 꼭 문을 닫고 생활하는 습관을 들여야 한다.

• 화장실 위치는 북쪽 방향을 피하는게 좋다. "水"의 기운인 화장실에 겨울이되면 햇빛이 잘 비치지 않아서 차가운 기운이 더해져서 몸이 위축되므로 사고가 발생할수도 있기 때문에 좋지 않다.

• 귀문방향인 남서쪽이나 북동쪽은 귀신이 드나드는 방위라서 늘 깨끗이 해야 하는 방향인데, 혹여 화장실에 더러운 물이 고여 있게 되면 집안에 안좋은 기운이 돌아 가족들의 건강이 안좋아 질수도 있다.

• 나이가 많으신 부모님과 함께 산다면 부모님을 위한 화장실을 따로 두어야 한다. 나이가 들면서 화장실을 자주 이용하게 되기 때문에 가족들과 부딪치지 않는 안전하고 따뜻한 방향에 화장실을 두는 것이 필요하다.

• 안방에 딸린 화장실은 편하기는 하나 대부분 욕실에 창문이 없어서 문을 열어놓고 생활하게 되는데 낮에는 별일이 없으나 밤에 잠들고 난 후에는 무의식 중에 방어력이 약해진 가운데 화장실의 찬기운이 따뜻한 방안에 들어와 돌게 되는데, 이때 숙면을 취하는데 방해를 받아서 피로가 누적되어 병이 생기는 원인이 된다. 따라서 안방에 딸린 화장실 문은 밤에는 꼭 닫고 생활해야 재물운과 건강운이 막히지 않는다.

공부방 풍수 인테리어
(합격운, 승진운을 높여 줄 책상방향)

인간이 머리를 쓰고 살기 시작한 오래전부터 공부는 삶의 모든 것과 연관되어 떨어질 수 없는 과정이 되었다. 태어나 말을 하기 시작하면서 삶의 기본은 공부에서부터 시작된다.

사회에 첫발을 내디딜 때에도 학력으로 직업이 분류되고 어떤 직업을 목표로 공부를 하고 지혜롭게 사느냐에 따라 부와 명예가 나뉜다.

주택의 프리미엄을 따질 때에도 주변의 교육시설, 교육 인프라에 따라 수요가 몰리며 집값도 천차만별이다. 이렇듯 좋은 지역의 교육환경과 공부방의 배치에 따라서 집중력과 공부 자세가 달라지기 때문에 아이에게 맞는 공부방을 만들어 주는 것이 부모가 아이에게 해줄 수 있는 첫 번째 방법이다.

아이의 후천수인 본명궁에 따라서 각자에게 맞는 책상 위치와 소품을 준비해주면 같은 시간 공부를 해도 잠재된 능력을 더 높게 향상시키는 계기가 될 수 있다. 다음 도표와 그림을 파악해서 아이 방을 꾸며 즐겁게 공부할 수 있는 분위기를 만들어주면 좋다.

책상 방향 색상, 액자, 소품

본명궁	방향	색상	액자	소품
3목 4목	북	블루, 그린, 블랙	소나무 대나무	9층 문창탑 공부책상 왼쪽에 본명궁에 맞는 색상으로 놓아줌
9화	동 동남	블루, 그린, 레드	연꽃 붉은잉어	
2토 8토	남	옐로우, 레드	목련 황금잉어	
6금 7금	남서 동북	화이트, 옐로우	바다풍경 황금들판	
1수	서 북서	블랙, 화이트	소나무 수묵화	

[문창탑]

[소나무 액자]

[대나무 액자]

[연꽃 그림]

[황금잉어, 붉은잉어 그림]　　　　[풍경화]

본명궁별 책상 배치도(木火土金水)

본명궁별 책상 방향(木＝북)

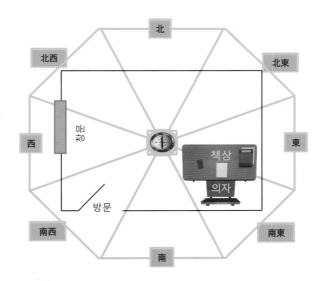

본명궁 "木"인 사람의 책상을 배치할 때는 바라보는 방향이 북쪽을 보도록 배치해야 하는데 방문을 열었을 때 앉아 있는 뒷모습이 직접 보이면 직충살을 맞아서 좋지 않다. 이럴때는 그림과 같이 의자를 벽쪽에 붙이고 책상 방향을 맞춰서 배치해 주어도 괜찮다.

본명궁별 책상 방향(火=동, 동남)

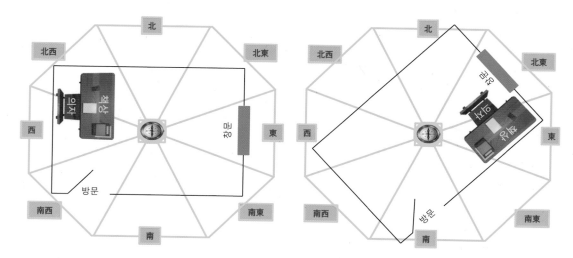

본명궁 "火"인 사람의 책상을 배치할 때는 바라보는 방향이 동쪽이나 동남쪽을 보도록 두 방향중에 편한곳으로 배치하면 되는데, 책상에 앉았을 때 뒷모습이 직접 보이지 않도록 그림과 같이 의자를 벽쪽에 붙이고 책상 방향을 맞춰서 배치해 주어도 좋다.

본명궁별 책상 방향(土=남)

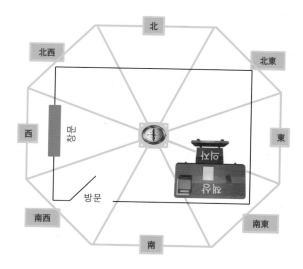

본명궁 "土"인 사람의 책상을 배치할 때는 바라보는 방향이 남쪽을 보도록 배치하면 되는데, 그림과 같이 방문을 열었을 때 옆모습이 보이는 것이 안정적이어서 집중력이 높아진다.

본명궁별 책상 방향(金=동북, 남서)

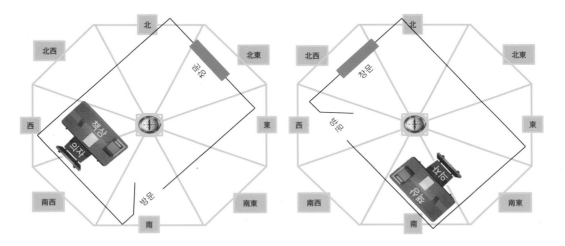

본명궁 "金"인 사람의 책상을 배치할 때는 바라보는 방향이 동북쪽이나 남서쪽을 보도록 두 방향중에 편한곳으로 배치하면 되는데, 책상에 앉았을 때 뒷모습이 직접 보이지 않도록 그림과 같이 의자를 벽쪽에 붙이거나 방문을 바라보는 방향으로 배치해 주어도 좋다.

본명궁별 책상 방향(水＝북서, 서)

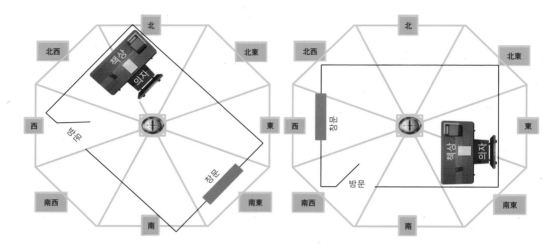

본명궁 "水"인 사람의 책상을 배치할 때는 바라보는 방향이 북서쪽이나 서쪽을 보도록 두 방향중에 편한곳으로 배치하면 되는데, 책상에 앉았을 때 방문이 정면으로 보이지 않는 위치가 좋다. 그림과 같이 옆쪽에 방문이 있으면 안정적으로 집중도가 높은 방향이라고 할수 있다.

출입문 방향에 따른
양택 8방위 배치도

양택풍수에서 가장 중요하게 여기는 양택삼요는 문(門=출입문), 주(主=안방), 조(竈=주방)인데, 동사택과 서사택 중에 어떤 유형이든 일정한 규칙에 따라 배치되어야 한다. 제일 중요한 문, 주, 조를 자리잡고 그 다음으로 욕실을 잘 배치해야 한다.

동사택과 서사택은 주택 구조의 길흉을 판단할 때 사용하는 기준 중에 가장 많이 사용되는 방법으로 주택의 중심에서 팔괘로 네 군데 방위를 표현하는 방법이다. 동사택은 북(감坎), 남(리離), 동(진震), 남동(손巽)의 4방위를 나타내고, 서사택은 북서(건乾), 남서(곤坤), 북동(간艮), 서(태兌)의 4방위를 나타낸다.

요즘은 집들이 모두 지어져 있어서 각자 선택해서 입주하지만, 입주할 때 집안 가장의 본명궁이 동사명이면 동사택의 집을 택하고, 서사명이면 서사택을 택하는 것이 조금 더 금전운과 명예나 승진에 유리한 기운의 주택이라고 할 수 있다.

주거할 집을 선택할 때에는 '안방=생기방향 / 주방=육살방향 / 욕실=절명, 오귀방향'을 기준으로 집을 보는 것이 가족 모두에게 좋다.

양택 8방위 방향

동사택 방향

• 좋은 방향 : 동쪽, 동남쪽, 남쪽, 북쪽의 4방향에는 출입문, 방, 거실, 등이 있으면 생기 있는 기운을 받으며 살기 좋은 양택의 조건이 된다.

• 안좋은 방향 : 북동쪽, 남서쪽, 서쪽, 북서쪽의 4방향에는 주방, 화장실, 세탁실, 창고 등이 있으면 집안의 나쁜 기운을 태우거나 쓸려서 집밖으로 내보내주기 때문에 편안한 집안을 만들어 줄수 있다.

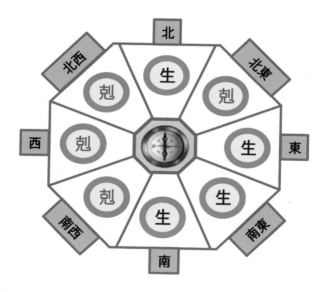

문위치	생기	연년	천의	복위	화해	오귀	육살	절명
동	남	동남	북	동	남서	북서	북동	서
남	동	북	동남	남	북동	서	남서	북서
북	동남	남	동	북	서	북동	북서	남서
남동	북	동	남	동남	북서	남서	서	북동

서사택 방향

- 좋은 방향 : 북동쪽, 남서쪽, 서쪽, 북서쪽의 4방향에는 출입문, 방, 거실, 등이 있으면 생기 있는 기운을 받으며 살기 좋은 양택의 조건이 된다.

- 안좋은 방향 : 동쪽, 동남쪽, 남쪽, 북쪽의 4방향에는 주방, 화장실, 세탁실, 창고 등이 있으면 집안의 나쁜 기운을 태우거나 쓸려서 집밖으로 내보내주기 때문에 편안한 집안을 만들어 줄수 있다.

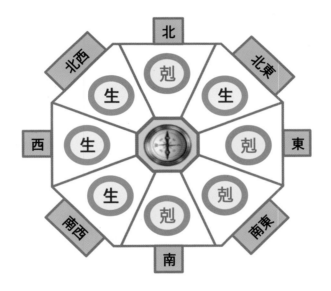

문위치	생기	연년	천의	복위	화해	오귀	육살	절명
서	북서	북동	남서	서	북	남	남동	동
남서	북동	북서	서	남서	동	남동	남	북
북서	서	남서	북동	북서	남동	동	북	남
북동	남서	서	북서	북동	남	북	동	남동

양택 8방위의 길흉(吉凶)

[생기] 사업 번창, 자신감 충만, 도약	[화해] 구설, 손재, 질병
[복위] 재산 축척, 경영발전, 횡재	[오귀] 불면증, 악몽, 재난
[연년] 건강, 사랑, 다복	[육살] 악살, 쇠퇴, 불운
[천의] 평안, 승진, 올바름	[절명] 생활고, 절망, 고립

• 생기(生氣)방향 : 시작, 용기, 자신감, 도약, 활력, 사업번창의 기운이 흐르는 방향으로 양택에서 가장 吉한 기운이 있는 방향이다. 집안의 젊은 가장이나 직장 초년생이 생기 방향의 방을 사용하면 활기 넘치는 기운을 받을 수 있는 좋은 방향이다.

• 복위(伏位)방향 : 횡재, 승진, 영전, 행운, 재산축적, 경영발전이 있는 방향이며 기(氣) 의 출입구로 사업을 하거나 승진을 위해 공부를 하는 사람에게 좋은 방향이다.

• 연년(延年)방향 : 건강, 장수, 사랑, 다복, 인연을 뜻하는 방향으로 신혼부부나 영업 직에 있는 사람이 연년방향에 있는 방을 사용하면 좋은 인연을 맺을 수 있는 기운이 있다.

• 천의(天醫)방향 : 평안함, 승진, 영전, 올바름의 기운이 있는 방향으로 몸이 약한 사람 이 사용하게 되면 병이 있어도 쉽게 치료가 되는 吉한 방위로 볼수 있다. 천의방향은 신체뿐만 아니라 정신적인 평안과 건강함을 내포하고 있는 방향으로 공부하는 학생이 사용하면 평안하고 집중력있게 공부할 수 있는 방향 이다.

• 화해(禍害)방향 : 질병, 구설, 손재 등이 발생하는 방향이므로 가족이 사용하는 방으로 는 적합하지 않고, 창고나 세탁실 등을 배치해서 사용토록 하는 것이 좋다.

• 오귀(五鬼)방향 : 악몽, 재난, 교통사고, 불면증등을 유발할 수 있는 방향으로 집안의 귀신(鬼神)이 출현하는 방향이기도 하다. 이쪽 방향은 항상 깨끗하고 환하게 해놓아야 한다. 일반인에게는 안좋은 방향이지만 철학관이나 심리상담을 하는 직업을 가진 사

람에게는 도움이 되는 방향이기도 하다.

• 육살(六煞)방향 : 악살, 쇠퇴, 불운의 기운으로 집안에 있는 모든 악살(惡煞)이 모이는 방향이다. 이곳에 주방을 배치해서 나쁜 기운을 태워 없애는 것이 좋다.

• 절명(絕命)방향 : 고립, 생활고, 사망, 절망, 실의가 발생하는 곳으로 양택 8방향중에 제일 흉한 방향이다. 몸이 약하거나 나이가 드신 부모님이 절명방향에 있는 방을 사용하게 되면 급작스럽게 안좋은 일이 생길수 있으므로 혹시 절명방향에 방이 있다면 잠을 자는방으로는 사용하지 말고 창고나 옷방으로 사용하여야 한다.

동사택 4방위 배치도

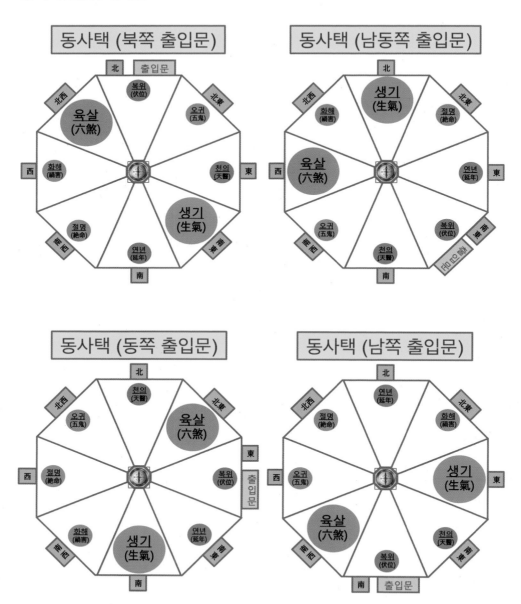

동사택 (북쪽 출입문)

北　출입문
北西
복위
(伏位)
北東
육살
(六煞)
오귀
(五鬼)
西
화해
(禍害)
천의
(天醫)
東
절명
(絶命)
생기
(生氣)
南西
연년
(延年)
南東
南

동사택 (남동쪽 출입문)

北
北西
생기
(生氣)
北東
화해
(禍害)
절명
(絶命)
육살
(六煞)
西
연년
(延年)
東
오귀
(五鬼)
복위
(伏位)
南西
천의
(天醫)
南東 출입문
南

동사택 (동쪽 출입문)

北
北西
천의
(天醫)
北東
오귀
(五鬼)
육살
(六煞)
절명
(絶命)
東
西
복위
(伏位)
출입문
화해
(禍害)
생기
(生氣)
연년
(延年)
南西
南東
南

동사택 (남쪽 출입문)

北
北西
연년
(延年)
北東
절명
(絶命)
화해
(禍害)
西
오귀
(五鬼)
생기
(生氣)
東
육살
(六煞)
천의
(天醫)
南西
복위
(伏位)
南東
南　출입문

서사택 4방위 배치도

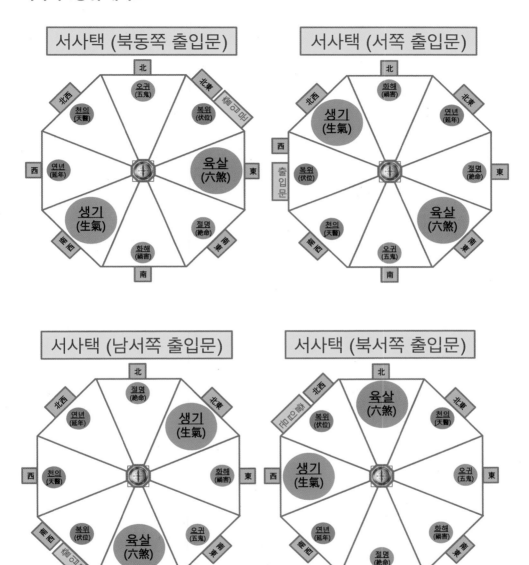

행운을 불러오는 셀프 풍수 인테리어

풍수로 디자인하다

05

지갑 풍수

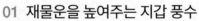

재물운을 높여주는 지갑 풍수

대부분의 사람들이 집을 고를 때 깨끗하고 편안한 집을 선택하듯이 금전도 편한곳에 자리를 잡게된다. 돈이 접히고 구겨지는 반지갑보다는 장지갑이 편안하고, 몇 년 지난 낡고 지저분한 지갑보다는 돈을 깨끗이 보호해줄 수 있는 낡지 않은 장지갑이 금전운을 상승 시키는 효과를 가져온다.

사람들이 지갑을 가지고 다니는 이유는? 돈에게 집을 만들어 주는 것과 같다. 돈을 가방이나 주머니에 구겨지게 넣고 다니게 되면 재물이 더 이상 쌓이거나 머무르지 않는다.

사람들이 살기좋고 깨끗한 집을 선택하는 것과 마찬가지로 금전도 넉넉하고 편안한 지갑안에서 자기를 잡게 된다. 세상 모든 만물에는 기운이 있는데, 이런 기운을 어떻게 결합시키고 조화를 이루느냐에 따라서 서로 상생되어 재물운이 쌓이기도 하고, 상극이 되면 재물운을 파괴시키기도 한다. 요즘은 핸드폰케이스에 돈과 카드를 넣고 다니는데, 카드 하나 정도는 괜찮지만 돈은 구겨지기 때문에 재물운 상승에 좋지 않다.

또한 지갑의 기운은 3년이 지나면 힘이 없어지기 때문에 최소한 3년이 되기 전에 새로운 지갑으로 바꿔주는 것이 좋으며, 각자의 본명궁에 맞는 상생 색상으로 지갑을 소유하게 되면 금전의 기운이 더욱 좋아 진다.

혹여나 지갑을 선물 받을 일이 있으면 나보다 좀 더 부유한 사람에게 받는것이 금전운 상승에 더욱 좋다고 볼 수 있다.

지갑에 꼭 넣고 다녀야 하는 것들

- 현금, 특히 웃어른께 받은 세배돈이나 부자인 지인이 주신 금일봉은 좋은 기운이 지갑에 머물기 때문에 재물운이 좋아진다.
- 본인 명함이나 전화번호(지갑 분실시에 연락처)
- 성공한 분의 명함, 같이 찍은 사진 등이 좋은 기운을 받는다.
- 약간의 현금(적은 돈은 현금으로 사용하면 돈이 돌아서 다시 채워진다.)
- 신용카드 5장 이내, 행운카드 1개
- 본명궁별로 좋은 숫자의 비상금(지갑에 수호신처럼 넣고 다닌다.)
- 지갑에 돈을 넣을 때는 머리가 아래쪽으로 가게 넣어야 돈이 쉽게 나가지 않는다.
- 지갑 색상은 각자의 본명궁을 상생시켜주는 색상의 계열이 좋다.

지갑에 넣고 다니면 안되는 물건

- 돌아가신분 사진
- 사업이 망한 업체의 명함
- 안좋은 기운의 사람 명함이나 기념품(행운의 달러 등~)
- 일년 지난 부적(동짓날 태워서 재는 변기에 내려 보내면 된다.)
- 돌아가시거나 안좋게 되신 분이 주신 기념품(행운의 달러 등등~)
- 동전(지갑안에서 부딪쳐 소리가 나면 금전운을 감소시킨다.)

- 영수증이나 적립카드(작은지갑에 따로 넣어다닌다.)
- 날카롭고 뾰족한 물건(몸이 다치거나 교통사고 유발)

재물운이 쌓이는 지갑 고르는 방법

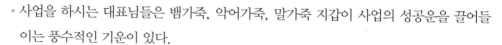

- 돈이 편안하게 머무를 수 있도록 사이즈가 넉넉한 장지갑을 선택하면 금전운을 상승시킨다.
- 지갑의 재질은 손에 쥐었을 때 촉감이 부드럽고 손에 착 감기는 느낌의 지갑이 재물운을 불러 들인다.
- 사업을 하시는 대표님들은 뱀가죽, 악어가죽, 말가죽 지갑이 사업의 성공운을 끌어들이는 풍수적인 기운이 있다.
  - 뱀 : 재산을 늘리는 기운
  - 말 : 힘차게 상승하는 기운
  - 악어 : 한번 물면 토해내지 않는다.
- 지갑에 말발굽이나 팔각형의 풍수개운 디자인이 있다면 더욱 좋다.
- 사용하는 지갑은 2개를 사용 하는게 좋다. 하나는 금고처럼 내 본명궁에 좋은 숫자의 돈과 비상금을 넣어두고, 하나는 가지고 다니면서 사용하는 용도로 쓰면 좋다.
- 비상금 지갑은 금고 안에 넣어두면 더욱 좋다.
- 지갑의 형태는 봉투형과 지퍼형이 있는데~ 봉투형은 돈의 지출이 쉬운 기운이라 즐겁게 쓰실 분들에게 좋고, 지퍼형은 돈이 쉽게 않나가는 기운이라서 지출이 너무 많다 생각 들면 지퍼형의 지갑 사용을 권장한다.
- 지갑은 항상 깨끗하고 빛이나게 손질해서 돈을 넣고 다니면 풍수적으로 재물운을 끌어들이는 기운이 있다.
- 지갑은 2~3년정도 지나면 재물운의 기운이 떨어지기 때문에 너무 오래된 지갑은 새것

으로 교체해 주어야 한다.

지갑 체크포인트

- 지갑에는 돈을 가지런히 정리해서 머리쪽이 밑으로 가게 넣어야 한다.
- 지갑은 바지 뒷주머니에 넣으면 돈을 깔고 앉게되어 좋지 않다.
- 돈은 아늑한 곳을 좋아함 서랍속, 가방속, 안주머니 등에 보관해야 한다.
- 지갑에 현금 없이 카드만 가지고 다니면 재물이 불어나지 않는다.
- 주방(재물을 태움)이나 욕실(재물이 쓸려 내려감)에는 절대 두지 말 것
- 금고 속에 넣어두는 것도 재물운 상승에 좋은 효과를 가져온다.

본명궁별 지갑색상 및 금전운 상승하는 지폐의 수

본명궁	지갑 색상	금전운 상승 지폐의 수
3목 4목	블루, 그린, 블랙	달러1장, 오만원권3장, 만원권4장
9화	블루, 그린, 레드	달러3장, 오만원권4장, 만원권9장
2토 8토	옐로우, 레드	달러2장, 오만원권5장, 만원권9장
6금 7금	화이트, 옐로우	달러2장, 오만원권6장, 만원권7장
1수	블랙, 화이트	달러1장, 오만원권6장, 만원권7장

하나 더!!

사업하시는 분들이나 남자분들은 가방 없이 주머니에 지갑을 넣고 다니는데 어디에 넣고 다니느냐에 따라 돈의 쓰임도 달라진다.

남자분들은 보통 바지 뒷주머니에 지갑을 넣고 다니는데 우측에 넣고 다니면 밤에 돈이 많이 나갈 것이고, 좌측에 넣고 다니면 낮에 돈의 쓰임이 많아질 것이니 활동하는 시간 대와 돈의 지출에 따라 변화를 주는 것도 좋을 듯 하다. 우리 몸에서 양의 기운은 앞쪽과 좌측의 왼손, 왼쪽이고, 음의 기운은 뒤쪽과 우측의 오른손, 오른쪽이다.

가방에 하루종일 들어있던 지갑은 집에 오면 꺼내서 아늑한 서랍속에서 쉬게 해야 한다. 우리가 열심히 일하고 나면 피곤해서 쉬고 싶듯이 지갑도 안전한 곳에서 쉬게 해줘야 하는데~ 돈은 아늑하고 어두컴컴한 곳을 좋아해서 집에 돌아오면 방안 서랍속이나 금고속에 지갑을 넣어 두는게 좋다.

memo

행운을 불러오는 셀프 풍수 인테리어
풍수로 디자인하다

반안살과 회두극좌

행운을 가져오는
반안살(攀鞍殺) 방향

반안살의 의미

12신살 중 하나인 반안살은 말의 안장위에 앉아 있는 모습을 뜻하는 살이다. 안정된 안장위에서 말을타니 높은 지위에 오를 수 있으며, 평생 재물복이 끊이지 않으며, 사회적으로 출세할 수 있는 굉장히 좋은 신살이라고 할 수 있다.

이렇게 좋은 반안살 방향에 금고나 귀중품을 놓아두거나 수면을 취하는 침대위치 또는 학생들이 공부하는 책상위치 등을 반안살 방향으로 정하면 좋은 기운이 들어와 합격운, 출세운, 관운, 재물운 등의 행운이 따른다고 볼 수 있다.

그러나 반안은 말을 치장한다는 의미가 있어서 사람과의 교제가 많은 사람은 외적인 것만 치장하고 내면을 채우지 않으면 좋았던 기운도 서서히 흩어지게 되므로 늘 정신을 집중하고 바른 마음가짐을 잃지 말아야 한다.

반안살과 회두극좌를 이용한 두침(頭枕) 방향

침실에서 가구 놓을 위치를 정할 때는 먼저 잠자는 위치를 정한 후에 장롱이나 책상 등 다른 가구의 위치를 결정하는 것이 반안살의 좋은 기운을 받는데 유리하다. 반안살과 회두극좌*는 남녀를 분리하지 않고 출생연도 만으로 찾으면 되므로 아래의 표를 보고 본인의 반안살과 회두극좌 방향을 찾아서 예시대로 따라 하면 편하고 안락한 잠자리를 찾을 수 있을 것이다.

예시1) 1945년 기유(己酉)생

- 반안살 방향 : 戌방향(서북쪽)
- 회두극좌 : 북동쪽

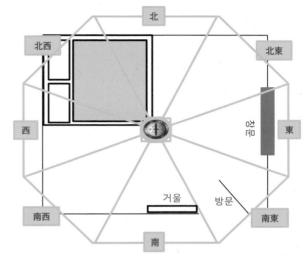

예시2) 1983년 계해(癸亥)생

- 반안살 방향 : 辰방향(동남쪽)
- 회두극좌 : 북쪽

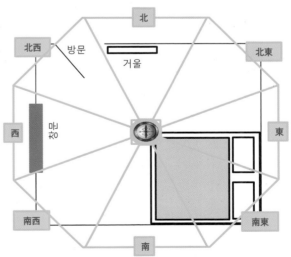

---

* 회두극좌 : 해로운 좌(座)의 방위를 뜻한다.

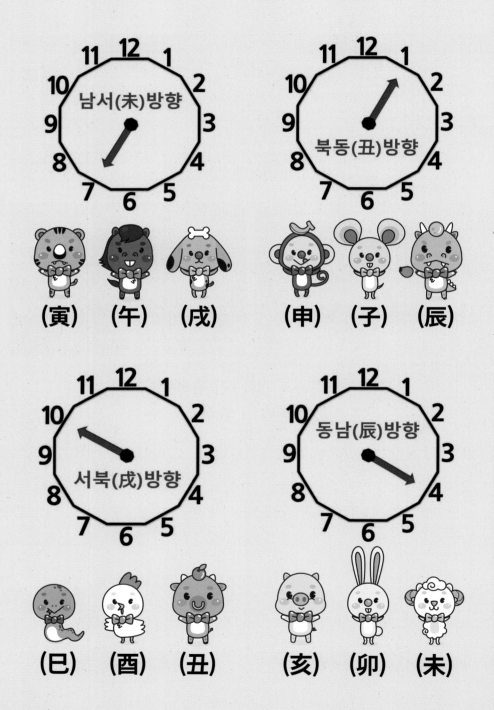

남서(未)방향

북동(丑)방향

(寅) (午) (戌)

(申) (子) (辰)

서북(戌)방향

동남(辰)방향

(巳) (酉) (丑)

(亥) (卯) (未)

띠별로 보는 반안살 방향

년지	寅午戌 호랑이, 말, 개	申子辰 원숭이, 쥐, 용	巳酉丑 뱀, 닭, 소	亥卯未 돼지, 토끼, 양
반안살	미(未)	축(丑)	술(戌)	진(辰)
방향	남서쪽	북동쪽	서북쪽	동남쪽
시계	7시 방향	1시 방향	10시 방향	4시 방향

사주팔자에 반안살이 있는 위치에 따른 길흉화복

시 주	일 주	월 주	년 주	
시간 己	일간 乙	월간 丁	년간 丁	← 천간
시지 卯	일지 未	월지 未	년지 酉	← 지지

※ 예시) 2017년 닭띠이므로 반안살은 "戌"이고, 사주팔자 8글자중에서 지지에 "戌"이라는 글자가 있으면 반안살(귀인살)이 있는 것이다.

• 년지 : 부모와 조상의 덕이 많아 일평생 복이 따르며, 어느 곳에서든 대표로 살아갈 확률이 높다.

• 월지 : 주변에 귀인이 많고 공부를 많이하여 관운이나 관록에 나가게 되며, 그렇지 못할 경우에 직업적으로 풍파를 겪으며 살게 된다.

• 일지 : 평생 귀하게 살게 되며, 기술을 가지고 살면 큰 부자는 아니지만 부족함 없이 살아가며 높은 자리에서 사람들을 통솔하게 된다.

• 시지 : 재물이 풍요롭고 말년에 유복한 삶을 살게 될 것이며, 자손 덕으로 이름을 알리고 살아가게 된다.

건강한 수면 머리두는 방향

회두극좌에 의한 머리두면 안 되는 방향

회두극좌란 사람은 누구나 태어나면서 각자 고유의 머리를 둘 수 없는 방향이 있는데, 특히 잠을 잘 때 머리를 두거나 또는 사망하여 묘지를 쓸 때도 절대로 머리를 두면 안되는 방향을 말하는 것이다.

회두극좌를 범하면 산 사람은 지극히 흉하고, 망자일 경우에는 맏아들과 장손이 살충을 받아 패절한다고 하였다.

음택에서는 부부의 합장과 쌍분 여부를 결정하며, 양택에서는 집의 좌향 결정에 어느 정도 영향을 미친다. 특히 침실에서 침대를 배치하거나 잠자는 방향을 결정하는데 아주 중요한 영향을 미친다.

회두극좌표 보는 방법

• 본인의 **음력 출생연도를 확인**하여 다음 표에서 찾아본다.
• 음력 출생연도가 있는 줄의 맨 위칸에 있는 방향이 자신이 머리를 두면 안 되는 방향이다.

- 본인의 회두극좌가 중궁(中宮)에 해당하면 8방향 어느 곳에나 머리를 두어도 상관이 없다.

- 예를 들어 1963년생은 북동쪽, 1991년생은 동쪽으로 머리를 두고 잠을 자면 안 된다.

中宮 (4 綠巽)	乾宮 (3 碧震)	兌宮 (2 黑坤)	艮宮 (1 白坎)	離宮 (9 紫離)	坎宮 (8 白艮)	坤宮 (7 赤兌)	震宮 (6 白乾)	巽宮 (5 黃中)
무관함	北西	西	北東	南	北	南西	東	南東
1924 甲子	1925 乙丑	1926 丙寅	1927 丁卯	1928 戊辰	1929 己巳	1930 庚午	1931 辛未	1932 壬申
1933 癸酉	1934 甲戌	1935 乙亥	1936 丙子	1937 丁丑	1938 戊寅	1939 己卯	1940 庚辰	1941 辛巳
1942 壬午	1943 癸未	1944 甲申	1945 乙酉	1946 丙戌	1947 丁亥	1948 戊子	1949 己丑	1950 庚寅
1951 辛卯	1952 壬辰	1953 癸巳	1954 甲午	1955 乙未	1956 丙申	1957 丁酉	1958 戊戌	1959 己亥
1960 庚子	1961 辛丑	1962 壬寅	1963 癸卯	1964 甲辰	1965 乙巳	1966 丙午	1967 丁未	1968 戊申
1969 己酉	1970 庚戌	1971 辛亥	1972 壬子	1973 癸丑	1974 甲寅	1975 乙卯	1976 丙辰	1977 丁巳
1978 戊午	1979 己未	1980 庚申	1981 辛酉	1982 壬戌	1983 癸亥			
1984 甲子	1985 乙丑	1986 丙寅	1987 丁卯	1988 戊辰	1989 己巳	1990 庚午	1991 辛未	1992 壬申
1993 癸酉	1994 甲戌	1995 乙亥	1996 丙子	1997 丁丑	1998 戊寅	1999 己卯	2000 庚辰	2001 辛巳
2002 壬午	2003 癸未	2004 甲申	2005 乙酉	2006 丙戌	2007 丁亥	2008 戊子	2009 己丑	2010 庚寅
2011 辛卯	2012 壬辰	2013 癸巳	2014 甲午	2015 乙未	2016 丙申	2017 丁酉	2018 戊戌	2019 己亥
2020 庚子	2021 辛丑	2022 壬寅	2023 癸卯	2024 甲辰	2025 乙巳	2026 丙午	2027 丁未	2028 戊申
2029 己酉	2030 庚戌	2031 辛亥	2032 壬子	2033 癸丑	2034 甲寅	2035 乙卯	2036 丙辰	2037 丁巳
2038 戊午	2039 己未	2040 庚申	2041 辛酉	2042 壬戌	2043 癸亥			

행운을 불러오는 셀프 풍수 인테리어

풍수로 디자인하다

PART

07

명당이란?

01 양택풍수로 명당 찾기

양택풍수로 명당 찾기

양택풍수로 보는 명당의 기준

사람 = 관상(觀相), 집 = 가상(家相)

- 풍수지리의 목적은 자연(바람, 물)의 현상을 인간 생활에 유용하게 활용하여 발복(發福) 하는데 있다.

- 산은 인물, 물은 재물로 본다. 산의 생김에 따라 큰 인물이 나고 물의 흐름에 따라 부자가 생겨나는데 주거와 생활이 편리하고 사람들의 왕래가 많은 곳이 주택이나 상가 입지의 명당이라고 보면 됩니다.

- 양택은 현재 거주하는 사람이 지기를 직접 받기 때문에, 좋은 양택에서 태어나고 성장하고 거주하는 사람에 한해서 발복이 된다.

- 사람마다 얼굴이 제각각 다르듯이 집터, 집안의 구조, 가구, 그림, 거울, 벽지 색깔까지 모두 다르고 정원의 나무도 다르다. 그로 인해 받는 복도 화도 모두 다르게 마련이다.

- 운(運)은 행운을 뜻한다. 집을 선택(選宅)할 때 동사명은 東四門, 서사명은 西四門에

맞게 선택 하면 운이 도래하는 좋은 주택이 된다.

땅, 도로

• 양택풍수에서 중요하게 여기는 것은 방위(方位)

• 양택풍수에서의 방위는 동, 서, 남, 북의 기본 방위에 북동, 북서, 남동, 남서의 4방위
를 더하여 8방위를 주로 사용한다.

• 집터를 둘러싼 4면이 모두 도로이면 나쁘고, 3면이 도로가 있어도 안 좋으며 교통사
고, 질병, 재난이 생긴다.

• 동쪽, 남쪽, 서쪽으로 2방향에 도로가 있으면 좋고, 동쪽, 서쪽, 남쪽 중에 한곳으로만
도로가 있으면 제일 좋다.

• 막다른 집, 골목 끝의 집은 불어 닥치는 바람살에 재산이 흩어지고 건강이 악화되어
흉가로 변할 수 있다.

• 집터는 3:2 정도의 비율이 좋다.(가로 방향이 2, 세로 방향이 3의 비율)

• 양택풍수 에서는 고층건물 = 산(陽의 기운), 도로 = 강물(陰의 기운) 로 본다.

• 주택이나 건물을 짓는 터는 네 군데 귀퉁이가 반듯한 것이 제일 좋다.

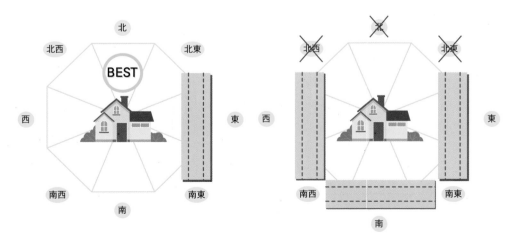

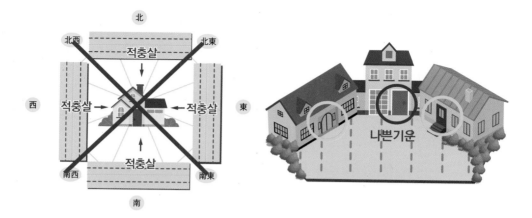

건물

- 수해나 지진, 산사태 등 자연재해로부터 안전한 곳

- 겨울에 따뜻하고 여름에 바람이 잘 통하는 곳

- 햇볕이 잘드는 음지가 아닌 양지

- 대문이나 출입문이 앞쪽에 있는 곳

- 집터 앞쪽에 공터나 정원이 있는 곳

- 주변의 경치가 좋고 전면이 확 트인 곳

- 물과 강, 하천 등의 안쪽으로 풍광이 좋은 곳 (물길이 집터를 둘러싸고 있는 곳)

- 집터의 모양이 넓고 평평하고 정사각형 또는 직사각형처럼 반듯한 곳

- 담장 높이나, 집 주변 울타리는 2미터 전후가 무난(텃밭 넓이정도라고 보면 된다.)

- 정원이나 담장에 나무를 심어(방풍림) 울타리를 만들어주면 집안으로 들어오는 안좋
  은 기운을 걸러주고 좋은 기운을 불러들여 가족들이 건강하고 자신감있는 생활을 할
  수 있도록 도와준다.

- 창문은 집의 크기에 맞는 적당한 것이 좋고, 남동쪽의 창문이 상승기운을 가져와 집안
  을 번창하게 만들며 동쪽이나 남쪽의 창문도 길한 기운이 있다.

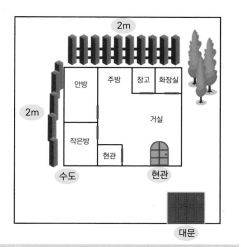

피해야할 곳

- 삼각형, 사다리꼴, 부정형의 땅, 맹지, 짜투리 땅, 높게 쌓은 축대로 만든 땅

- 하천이나 우물을 메운 매립지에 지은 집이나 땅

- 집의 서쪽이나 서북쪽은 가장의 출세운이 강해지는 방향으로 그쪽 방향에 흉한시설이나 습한 기운이 있는지 살펴본다.(나쁜공장, 화장터,)

- 정원에 나무를 볼때는 속빈 나무, 넝쿨나무, 집보다 높은 나무가 있으면 가족에게 안좋은 기운이 전해지므로 건강에 해로울 수 있다.

- 정원수는 방의 창문과 가까이 있으면 집안의 생기를 나무가 흡수하거나, 밤에 나무가 내뿜는 이산화탄소로 인해서 가족들의 건강을 해칠 수 있다.

- 건물이 주변 경관에 비해 너무 크거나 높으면 건강이 나빠지고 집안에 불화가 따르며 재물이 모이지 않는다.

- 높은 건물에 싸인 단층집으로 햇볕이 들지 않고 그늘이 지면 냉기가 흘러 가족들의 건강과 운세가 막힌다.

- 집터 주변에 헐벗은 산, 절벽, 빈집 등이 있으면 사람의 생기를 잃게 하고 재물이 흩어지는 현상이 온다.
- 필로티로 지은 2층의 집은 1층 주차장의 3면을 막아야함. 기둥만 있을 경우에 아래층 나쁜 기운이 집안에 유입되어 사업실패, 사기, 불화, 불륜 등~ 가정이 불행 흉상이다.

아파트 구입시 고려할 점

- 아파트 단지의 입지여건으로 봐야함
- 아파트 단지 전체가 산이나 능선의 앞쪽에 위치하고 있는지?
- 주변 도로가 아파트를 감싸고 도는 안쪽에 위치하고 있는지?
- 지나치게 고지대나 저지대는 아닌지?
- 산에서 내려오는 능선과 연결된 지점에 있는지?
- 거실에서 바라보는 산과 들의 풍광이 좋은지?
- 집앞 하천의 조망이 완만하고 맑은지?
- 햇살이 잘 드는 남향인지?
- 주변의 산보다 높지않은 5~10층 전후인지?

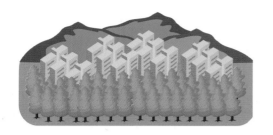 

도로와 건물의 길흉(吉凶)

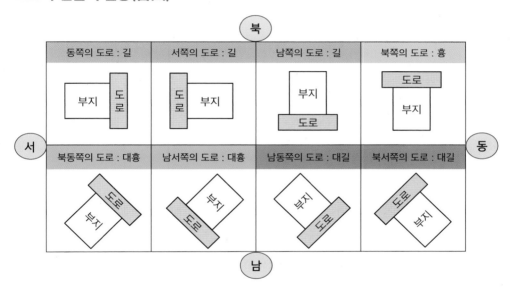

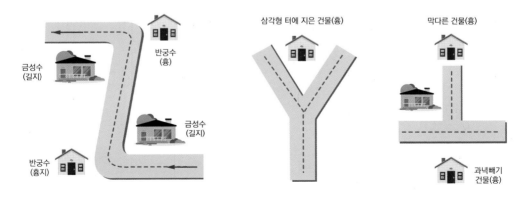

삼각형 터에 지은 건물(흉)

막다른 건물(흉)

- 금성수 : 주택 앞쪽의 계곡 물이 허리띠를 두른 것처럼 혈을 둥글게 감싸고 흐르는 형태(재물이 모임)
- 반궁수 : 활처럼 혈을 반대로 감싸고 둥글게 흐르는 형태(재물이 빠짐, 흉한 일을 겪음)
- 삼각형 터 : 집 안팎으로 분란이 생기거나 재물이 불어나지 않음(두 갈래 길이 합쳐지는 지점에 돌담을 쌓거나 거울을 이용해 살기를 중화시켜줌)
- 과녁 빼기 : 대문이 똑바로 건너다보이는 집(흉) / 대문이 옆으로 비스듬히 비껴 보이는 집(길)

물의 흐름이 좋은 곳

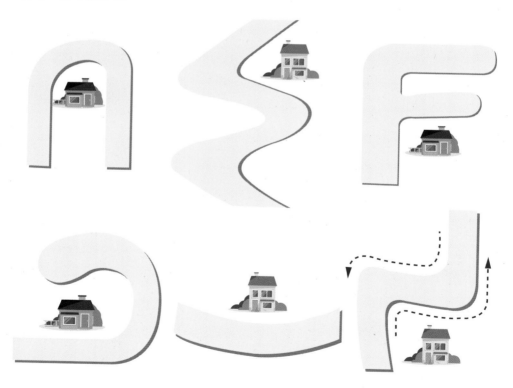

물의 흐름이 나쁜 곳

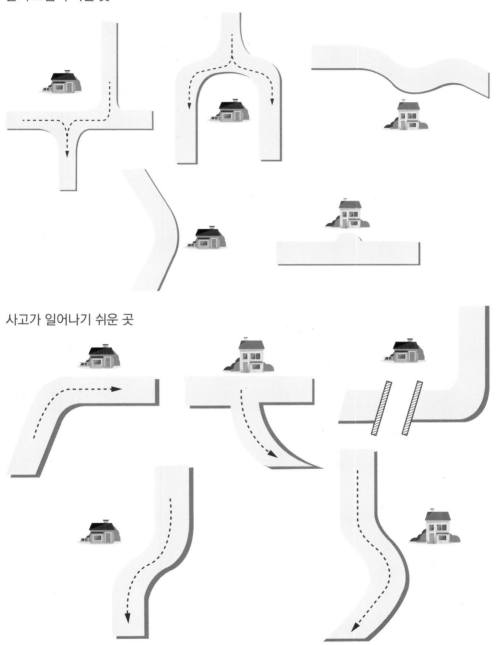

사고가 일어나기 쉬운 곳

오행으로 분류한 건물의 모양

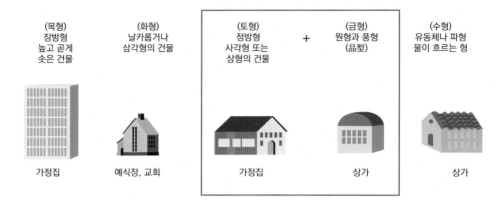

- 목형(木刑) : 안정된 재물운과 건강운을 가져오는 건물(장사나 이사를 하면 한 계단씩 운세가 상승)

- 화형(火刑) : 가정집으로는 안정적이지 못하나 상업용으로 사용할 경우 재물운의 효과를 볼 수도 있다.(개혁적이며 건설적인 형태, 도박적인 요소도 가지고 있음)

- 토형(土刑) : 모든 물질이 돌아가는 중심이며 주거와 장사에 가장 안정된 건물이다.(포용과 신뢰를 줄 수 있는 건물임)

- 금형(金刑) : 원형, 타원형, 돔형 등으로 각이 없는 건물로서 재물운을 끌어들이는 힘을 가지고 있다.(주거지로는 적합하지 않고 장사를 하는 경우 출입구의 위치가 중요하다.)

- 수형(水刑) : 땅의 모양이나 현관 방향이 잘되어 있으면 재물이 쌓이는 에너지가 된다.(조건이 맞지 않을 때 작은 균열에도 재물이 흘러가 버린다.)

- 혼합형 : 5개의 유형이 혼재한 건물로서 어떤 조합을 해도 나쁘다고 말할 수 없지만, 보편적으로 주거용이나 상업용에 적합한 형태는 '금'과 '토'의 모양을 적절하게 혼합한 형태라고 할 수 있다.

양택풍수 방위 재는 법

집안의 방위를 잴 때는 변화되는 기점인 전이(轉移)지점에서 측정해야 한다.

- 아파트, 빌라 : 10층을 기준으로 나눈다.
  - 10층 이하 = 아파트 출입구 방향과 현관문을 측정한다.
  - 10층 이상 = 현관문 방향만 측정한다.
- 점포, 식당 : 현재 물건지의 중앙에서 측정한다.
- 공장, 사무실 : 출입문과 사무실 각각의 중앙에서 측정한다.
- 건물 : 건물 출입구 및 층별 사무실의 중앙에서 측정한다.
- 주택 : 대문, 현관
  - 현관의 방향을 측정할 때는 가옥의 중앙에 있는 대들보 기둥 아래에서 나침반으로 측정한다.

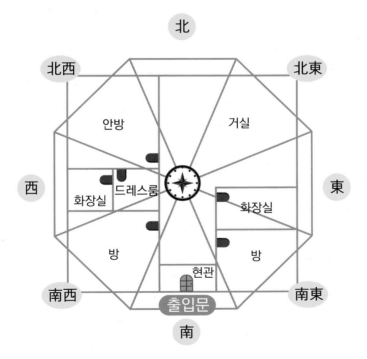

– 대문의 방향을 측정할 때는 실내 출입문이나 현관문의 문지방에서 나침반으로 측정
한다.

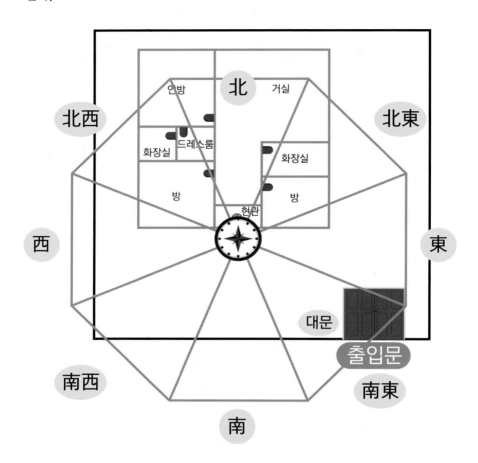

− 집 앞 도로의 방향을 알고자 할 때는 대문에 나침반을 놓고 측정한다.

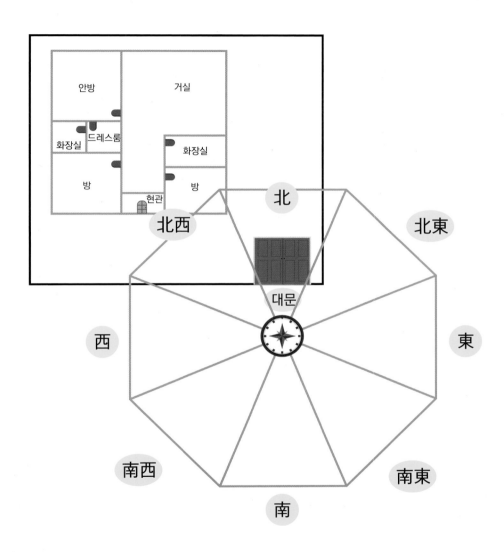

수맥이란?

- 의미 : 물이 흐르는 길

- 기운 : 풍수적으로 나쁜 기운이 흐르는 곳으로 봄

- 재물 : 물길을 이용해서 재물운을 끌어올 수 있음

- 우리 몸속의 혈관과 마찬가지로 땅속에도 다양한 물길이 존재하는데, 이를 찾아내는 것을 풍수에서는 중요하게 여긴다. 지면에는 변화가 없어도 땅속에서는 흙이 물을 따라 움직일 수 있기 때문에 편안하고 안전한 주거공간을 마련할 때나 조상의 묘를 좋은 땅에 조성하기 위해서도 수맥은 중요한 부분이다. 또한 땅속의 습기와 물은 건축물의 구조에도 영향을 줄 수 있다. 도로나 건물에 금이가고 갈라진 곳이 보인다면 대부분 그곳은 수맥이 흐르는 곳이라고 보면 된다.

혈이란?

- 의미 : 기운을 진단하고 다루는데 중요한 부분이다.

- 풍수에서 중요한 지점을 짚는 것을 말한다. 동양의학에서 혈 자리를 짚어 병을 알아내고 고치는 것처럼 풍수에서의 혈 자리도 집안의 기운을 진단하고 다루는데 중요한 역할을 한다. 기의 흐름을 다루어 조절하고 형성하는데, 음의 기운이 강한 곳이라면 양기를 북돋아주고, 양의 기운이 강한 곳이라면 음기를 더해서 조절해주어야 한다. 혈자리에 구조물을 세우거나 없애는 방법도 있다.

명당이란?

배산임수(背山臨水)

산을 뒤로하고 물을 앞에 둔다 는 뜻으로 산의 신선한 기운을 받고 집앞의 물은 이 기운을 빠져 나가지 않도록 막아주는 역활을 해서 양택을 둘러싼 좋은 기운이 집안에 머물러 명당을 만들어 준다는 것이다.

양택은 적절한 온도 습도 바람 등 기후의 영향을 받는데, 산이 없는 도시에서는 높은 건물을 "산"으로 보고 도로를 "물"로 본다. 나의 집 뒤에 높은 건물이 있으면 산이 되고, 앞쪽에 도로나 넓은 공원이 있으면 물길로 볼 수 있으므로 명당이라고 볼 수도 있다.

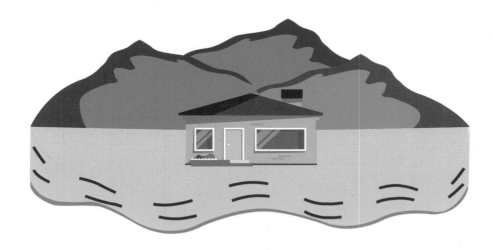

전착후관(前窄後寬)

들어가는 입구는 좁으나, 집안을 들어가면서 점점 넓어지는 복주머니 형태의 모양을 말한다. 중문을 만들어서 전착후관의 명당을 만들어 주기도 하지만 집의 문향이 좋지 않을 때에도 현관문에 연결해서 길게 통로를 만들고 문의 향을 틀어주면 전착후관에 의한 명당으로 바꿔줄 수가 있다. 직풍이 집안으로 들이치는 터일 경우에도 문의 방향을 바꾸어서 직충살도 피하고 복주머니 형태의 명당터로 만들어 줄수도 있다.

출입문

거실, 주방 침실, 화장실

전저후고(前低後高)

집의 앞쪽은 낮고 뒷쪽은 높아야 명당이라는 뜻이다. 한옥의 형태를 보면 대체로 마당은 낮고(전저) 마루가 있는 부분 부터는 높은(후고) 모양을 볼 수 있다. 또한 쇼파를 연상하면 되는데~ 등받이가 있어 뒤에서 등을 바쳐주면 앉는 쪽이 편하다. 이런형태의 양택 구조가 전체적으로 안정감을 주는 명당의 기운을 가질 수 있다고 보면 된다.

서고동저(西高東低)

건물을 지을때나 땅의 높낮이를 볼 때 서쪽이 높고, 동쪽이 낮은 형태를 말한다. 큰 건물을 보면 1층부터 윗층으로 올라갈수록 넓이가 좁아지는데 건물의 서쪽은 똑같이 올라갔으나 동쪽은 건물이 점점 좁아져서 올라간 형태의 건물을 볼 수가 있다. 이런 건물이 서고동저의 명당이라고 할 수 있다. 또는 비탈길에 집을 지을때도 서쪽에 있는 땅이 높게 하고 동쪽의 땅이 낮게 하여 건물을 지어야 집안이 양의 기운가득한 명당이 될 수 있다.

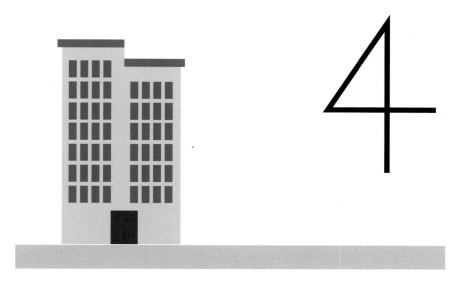

서고   동저

동입서출(東入西出)

능(陵)이나 향교(鄕校)등의 출입시 동쪽(오른쪽)문으로 들어가고 나올때는 서쪽(왼쪽)문
으로 나온다는 출입규칙이며, 시작(始作)을 의미하는 동(東)쪽과 끝을 의미하는 서(西)쪽
의 원리를 말하는 것이다.

동쪽은 목, 서쪽은 금의기운
이다. 동쪽에서 시작하고 서
쪽에서 마무리하는 것이다. 주
로 삼문(三門)을 갖춘 예제건
축(禮制建築)에서 동입서출(東
入西出)은 아주 기본적인 동선
유형인 것이다.

팔택 방위의 길흉

• **복위(伏位)** : 횡재, 승진, 영전, 행운, 재산축적, 경영발전

복위 방향은 용맥(龍脈)의 기를 받아들이는 곳이 되므로 모든 길흉은 복위 방향으로부터 파생되기 때문에 기의 출입구라고도 한다.

• **생기(生氣)** : 시작, 용기, 자신감, 도약, 활력, 사업번창

생기 방향은 양택의 생기방으로 가장 길한 기운이 있는 방향이다.

생기란 아침에 태양이 떠오르는 기상과 같아 집안이 번창한다는 최상의 길한 방위이다. 집안의 가장이 생기방을 사용하는 게 제일 좋다.

• **연년(延年)** : 건강, 장수, 사랑, 다복, 인연

연년방은 건강, 장수, 사랑, 다복, 인연을 뜻하는 방위로 팔택 중 두 번째로 길한 방향이다. 연(延)이란 왕성하다는 뜻으로 건강하고 장수하며 다복하게 살아가게 된다는 뜻이다.

• **천의(天醫)** : 평안함, 승진, 영전, 올바름

천의 방향의 방은 몸이 약한 사람이 사용하게 되면 병이 있어도 쉽게 치료가 되는 길한 방위로 생기, 연년의 방향과 함께 좋은 에너지가 모이는 방향이라고 보면 된다. 천의 방향은 신체뿐만 아니라 정신적인 평안과 건강함을 내포하고 있는 방향이다.

• **육살(六煞)** : 악살, 쇠퇴, 불운

육살 방향은 집 안에 있는 모든 악살(惡煞)이 모이는 방향이다. 또한 기운이 쇠퇴해지는 방향으로 이곳에는 주방을 배치해서 나쁜 기운을 태워 없애는 것이 좋다.

• **화해(禍害)** : 질병, 구설, 손재

화해 방향은 집안의 파재, 손실, 질병 등이 발생하는 방향이므로 가족이 사용하는 방으로는 적합하지 않고, 창고나 세탁실 등을 배치해서 사용토록 하는 것이 좋다.

• **오귀(五鬼)** : 악몽, 재난, 교통사고, 불면증

오귀 방향은 집안의 귀신이 출현하는 방향으로 항상 깨끗하고 환하게 해놓아야 한다. 일반인에게는 좋지 않은 방향이지만 철학관이나 심리상담을 하는 직업을 가진 사람에게는 도움이 되는 방향이기도 하다.

- 절명(絕命) : 고립, 생활고, 사망, 절망, 실의

절명 방향의 방을 사용하게 되면 집안의 자손이 끊기거나 극빈하게 되는 흉한 방향이다. 가문의 번창을 중시하던 시대에는 대를 이을 아들의 탄생을 중요하게 생각하였으므로 이 절명 방향에는 방을 만들지 않고, 창고나 화장실 등을 만들어 사용하였다.

출입문 방향에 따른 생기방과 주방의 위치

출입문 (문)			생기방(주)	주방(조)
동사택	북쪽 방향	감(坎)	동남쪽	북서쪽
	남쪽 방향	리(離)	동쪽	남서쪽
	동쪽 방향	진(震)	남쪽	동북쪽
	동남쪽 방향	손(巽)	북쪽	서쪽
서사택	북쪽 방향	건(乾)	서쪽	북쪽
	남서쪽 방향	곤(坤)	동북쪽	남쪽
	동북쪽 방향	간(艮)	남서쪽	동쪽
	서쪽 방향	태(兌)	북서쪽	동남쪽

행운을 불러오는 셀프 풍수 인테리어

풍수로 디자인하다

08

유튜브 ▶ 희망나무TV
영상 정리 꿀팁

희망나무TV 영상 정리 꿀팁

본명궁에 맞는 풍수액자

1. 풍수액자는 집안에 1~3개가 적당함. 특히 방에는 1개만...(과유불급)

2. 거실에는 울긋 불긋 꽃과 함께 있는 산모양 이나 좋은 풍경 그림을 걸어 두면 내 집에 명당의 기운이 모여들게 된다.

3. 액자를 두는 위치가 각기 다르다.(풍수액자/가족사진/영정사진)

   - 가족사진은 현관 들어오는 입구에 걸면 안된다.(안좋은 기운을 가족이 그대로 받아 몸이 아프고 하는일이 잘 안되게 됨)

   - 가족사진은 티비 옆이나 거실의 동쪽에 걸어두면 생기있는 기운을 받게 된다.

   - 영정사진은 방에 걸어 두지 않고, 서랍이나 장식장에 잘 모셔두고 제사나, 가족이 모인 날에 한번씩 꺼내서 보는게 좋다.

   - 방안에서는 본명궁에 맞는 액자를 침대 옆면에 걸어두는게 좋다.

오행	후천수 (본명궁)	부자 & 건강(현관, 거실)	결혼 & 임신	공부
목	3, 4	옹달샘, 목련, 풍경화	거봉, 켐벨, 청포도, 청사과	코끼리, 소나무
화	9	목련, 붉은잉어, 감 & 마을 풍경화	청포도, 석류 빨간사과	연꽃, 붉은잉어
토	2, 8	해바라기 & 모과, 모과 & 붉은사과, 황금나무	석류, 오렌지, 바나나	연꽃, 황금잉어
금	6, 7	황금잉어, 해바라기, 바다 풍경화	바나나, 참외, 수묵화	황금잉어
수	1	코끼리, 수묵화, 산그림	석류, 청사과, 청포도, 수묵화	코끼리, 소나무

해바라기 액자

1. 해바라기 액자

   그림은 생기가 넘치는 기운이 품어져 나와야 한다.

   풍수상 좋은 기운이 깃든 느낌의 해바라기 그림을 걸어 놓음으로서 집안도 환하고, 노란색을 보면 따스함과 포근함이 느껴지고, 건강과 재물운을 모두 가져올 수 있다.

2. 해바라기 액자 거는 위치

   - 집 : 현관입구, 거실의 서쪽,

   - 가게 : 서쪽, 북서쪽

3. - 좋은 사람 : 6금, 7금, 2토, 8토의 본명궁인 사람

   - 안좋은 사람 : 본명궁 1수인 사람은 은색 잉어액자가 좋다.(집 9마리, 사업장 8마리)

4. 해바라기 액자가 좋은 기운별 그리는 방법

   - 색상 : 노랑과 황금

   - 몇송이 : 본명궁 숫자대로 그리는게 좋다. 2, 3, 4, 6, 7, 8, 9

   - 모양 : 씨앗이 알차고 통통한 것이 좋다.(씨앗 하나하나가 재물)

풍수액자 의미

- 풍경화, 배산임수 그림 : 집안에 명당만들기, 하회마을 그림 등~
- 정물화(과일 & 꽃) : 풍요롭고 탐스런 느낌, 다복을 의미
- 푸른산, 소나무 : 자존심, 당당함, 생한 기운, 청렴, 결백,
- 황금색꽃 : 감귤나무, 황금나무 (태양의 꽃으로 금전운 상승)
- 해바라기꽃 : 복이 들어옴, 개업선물로 좋음
- 석류, 포도 : 복, 자손번성(청=수,목,화 / 적=목,화,토)
- 사과 : 생기, 행운, 번창
- 감 : 풍요와 결실
- 모란꽃(목단) : 돈, 행운, 붉은색(중국)
- 잉어 : 출세, 부귀, 장수, 합격
- 말 그림 : 복, 칠마도, 팔마도 등~ (뛰는 말그림)
- 호랑이 : 권세, 출세, 용맹, 평화 (잡귀를 물리침)
- 새그림 : 길조
- 코끼리 : 코로 재물을 흡수하는 동물. 지혜로움을 상징, 상서로운 동물(특히 불교국가 태국에서는 흰코끼리는 수호신임)
  - 코가 위로 올라간 것 (재물이 들어옴)
  - 코를 말고 있는 것(복을 품는다는 뜻)

이사 택일

이사날을 잡을때는 택일을 해야하나 그럴 수 없을 때에는 아래의 도표대로 손이 없는 날을 택하되 이사 흉살을 피하고 이사주당 법상 흉일을 피한다.

이사 풍수

우리가 이사를 한다는 개념은 입고, 먹고, 자는곳 즉 의식주(衣食住)가 옮겨가는 것이다.

풍수적으로 좋은집이란? 비싸고 멋있는 집만이 아니라~ 가족이 모두 평안하게 살아갈 수 있도록 가장의 사업이 잘되고 직장에서 승진의 행운이 따르며, 질병이나 사고 없이 건강하고 안정된 삶을 누릴 수 있는 곳이어야 한다.

이사하기 좋은날

보통 이사를 할 때는 달력에 음력으로 숫자 "9"와 "0"이 표시된 날짜에 이사하려는 사람들이 몰려서 이사비용이 평소보다 비싸지만, 이사가는 방향과 태백살이 있는 날의 방향만 피하면 편하고 저렴하게 이사를 할 수 있다.

"태백살(손)"이란?

太白殺(태백살)의 뜻을 음양오행의 원리로 살펴보면 태백살은 사주보다는 주로 "이사가기 좋은 날"을 찾기 위해 쓰이는데 이는 택백살이 동서남북 방향의 살기를 주관하는 날짜이며, 태백살이 낀 날짜와 이사방향이 겹치게 되면 집안에 액운이 끼기 때문에 이사가는 날 방향에 따라 손(해코지하는 귀신)이 없는 날을 피해서 가야만 편안하다고 볼 수 있다.

태백살의 손(귀신)은 음력을 기준으로 8방향에 이틀 간격으로 머물고 있는데 도표로 정리하면 다음과 같다.

• 원칙 : 손이 없는 날을 택하되 이사 凶살을 피하고 이사주당법상 흉일을 피한다.

• "손"이란?

• "太白殺(태백살)의 殺神으로 이사를 꺼리는 날짜이다.
  – 음력 1, 2, 11, 12, 21, 22일은 동쪽, 남동쪽
  – 음력 3, 4, 13, 14, 23, 24일은 남쪽, 남서쪽
  – 음력 5, 6, 15, 16, 25, 26일은 서쪽, 북서쪽
  – 음력 7, 8, 17, 18, 27, 28일은 북쪽, 북동쪽

• 음력 9, 10, 19, 20, 29, 30일은 하늘(上天) 손이 없는 날로 이사하기 좋은 날이다.
  – 음력 9, 19, 29일은 신들이 땅속으로,
  – 음력 10, 20, 30일은 신들이 하늘로 올라간다.

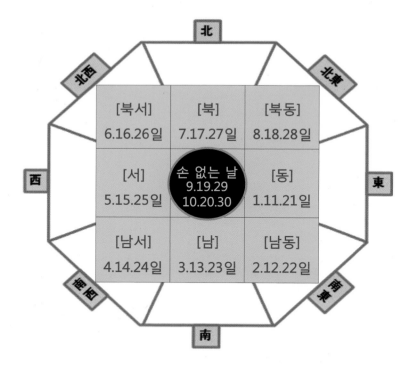

이사하기전에 정리할 음의 물건들

1. 출처가 불분명한 물건 : 잘된 집안의 물건은 괜찮지만 출처가 불분명한 물건에는 안좋은 음의 기운이 있을수 있으므로 정리하고 가는게 좋음

2. 죽은 화초 : 드라이 플라워나 죽은 뿌리가 있는 화분은 음의 기운임 간직하고픈 꽃다발은 사진으로 보관, 빈화분은 괜찮음

3. 멈춘 물건 : 오랫동안 사용하지 않은 먼지 가득한 물건 (시계, 바퀴달린 것) 1년 이상 안쓴 물건은 이사가서도 쓰이지 않음 사용할 사람을 주고 가는 것이 좋음

4. 망가진 물건 : 특히 사람 모양의 목각인형, 망가진 장난감, 멈추어 가동되지 않는 전자기기들~

5. 1년 이상 안 입은 옷, 신발 : 옷은 입어야 나의 체취가 묻어나서 양의 기운이지만 입지 않은 옷은 음의 기운으로 바뀜으로 정리하고 가는게 좋음

6. 깨지거나 녹슨 물건 : 세트 물건중에 하나가 깨졌거나 이 나간 그릇들 녹슨 칼 가위 등

7. 돌아 가신분 옷이나 유품은 태워서 돌아가신분께 드리고 양의 기운만 가지고 새집으로 이사가야됨

8. 항아리에 담아둔 비보용 소금은 버릴것 (새 술은 새 부대에~)

이런 물건들은 맑은날 오후 2~5시에 버리는 것이 좋다.(해, 묘, 미 날에 버리면 더욱 좋다.)

(亥) (卯) (未)

Sun					Fri	Sat
	1 癸丑음**9.27**	2 甲寅	3 乙卯	4 丙辰	5 丁巳음**10.1**	6 戊午
7 입동 己未	8 庚申	9 소방의날 辛酉	10 壬戌	11 농업인의날 癸亥	12 甲子	13 乙丑
14 丙寅	15 丁卯	16 戊辰	17 순국선열의날 己巳	18 庚午	19 辛未음**10.15**	20 壬申
21 癸酉	22 소설 甲戌	23 乙亥	24 丙子	25 丁丑	26 戊寅	27 己卯
28 庚辰	29 辛巳	30 壬午				

달력의 날짜 밑에보면 한문으로 써있는 글씨가 있는데 앞글자가 "천간", 뒷글자가 "지지"인 두 개의 글자인데 그중에 뒷글자가 "亥, 卯, 未"로 표시된 날 버리는게 좋다.

풍수 꿀팁

- 확장 이사 시 : 좋은 기운이 따라오도록 현관문과 창문을 활짝 열어두고 이사감

- 축소 이사 시 : 안좋은 기운이 따라오지 못하도록 문을 모두 닫고 이사감

- 쌀 = 재물 = 금고이므로 쌀독의 쌀은 항상 50%이상 채워두는게 재물운을 가져오는 비보풍수임

- 쌀은 숨을 쉬는 항아리가 풍수적으로 좋은데 이는 오행중 토에 해당되므로 만물을 배양하는 기운이 더해져서 땅에서 나는 쌀에 재물운을 더욱 키워주게됨. 잡곡이나 콩은 프라스틱 용기에는 넣어두고 사용해도 좋으나 나무재질의 용기는 곡식의 기운을 빼앗아 복이 새는 현상이 있으므로 사용하지 않는게 좋다.

- 쌀통은 각진 모양보다 원형이 가정의 평안과 건강을 의미하는 모양임

- 먼저 들어갈 물건 : 쌀은 부엌의 동쪽이나 북동쪽에 놓아 재물운을 활발하게 상승시켜주어야 하고, 소금은 현관에 놓아 집안으로 들어오는 안 좋은 기운을 걸러주어 좋은 기운이 들어오게 해주어야 한다.

- 이사가기 전에 항아리 안에 있던 소금은 버리고 새소금으로 준비(천일염 사용)

- 항아리는 가장의 본명궁에 맞는 상생되는 색상을 준비

- 본명궁에 맞는 쌀독이 생하는 기운임
  - 목 : 푸른계열, 검정계열
  - 화 : 붉은계열, 푸른계열
  - 토 : 노랑계열, 붉은계열
  - 금 : 흰색계열, 노랑계열
  - 수 : 검정계열, 흰색계열

본명궁에 좋은 이사 방위

본명궁 [동사명]	생기 [사업, 자신감]	복위 [재물, 승진]	천의 [평안, 건강]	연년 [화목, 사랑]
1수 / 감(坎)	북서쪽	남쪽	서쪽	북쪽
9화 / 리(離)	서쪽	북쪽	북서쪽	남쪽
3목 / 진(震)	북쪽	서쪽	남쪽	북서쪽
4목 / 손(巽)	남쪽	북서쪽	북쪽	서쪽

본명궁 [서사명]	생기 [사업, 자신감]	복위 [재물, 승진]	천의 [평안, 건강]	연년 [화목, 사랑]
6금 / 건(乾)	동쪽	남동쪽	남서쪽	북동쪽
2토 / 곤(坤)	남서쪽	북동쪽	동쪽	남동쪽
8토 / 간(艮)	북동쪽	남서쪽	남동쪽	동쪽
7금 / 태(兌)	남동쪽	동쪽	북동쪽	남서쪽

거울의 위치, 재질, 모양

집안에서 거울을 걸어 두는 위치는?
기의 흐름을 원활하게 소통시켜 주고, 어두운
공간을 밝게 해주는 작은 소품인 거울에 대한
꿀팁

- 거울의 디자인은 팔각형이나 원형이 기의 흐름을 원활하게 해주어 풍수적으로 좋은 기운을 가져다 준다.

- 거울 프레임 선택은?
  본명궁 금, 수 = 스텐레스, 화이트, 그레이
  본명궁 목, 화 = 나무, 블루, 그린
  본명궁 토 = 유리, 황토색, 핑크계열

- 거울의 크기는 너무 크지 않은 상반신 정도만 보이는 것

- 현관문 쪽에 거울을 설치할 경우에는 집안에서 현관문을 바라보고 왼쪽에 걸면 금전운에 좋고, 오른쪽에 걸면 건강운과 출세운에 좋음

- 거울 앞에 화초를 놓으면 재물복이 증가 하는데 도움이 됨

- 현관이 긴 복도일 경우 거울을 걸어두면 기의 흐름이 바뀔 수 있는데 아크릴 거울을 설치하면 장식도 하고 거울도 보는 1석2조의 효과를 누림

- 침실에 거울을 둘 경우에는 방문을 열면 정면에서 보이지 않아야 하고, 침대에서 누웠을 때 모습이 보이지 않도록 침대 해드쪽에 화장대를 두는 것이 좋음

- 욕실에는 동쪽(밝고 건강한 기운으로 시작)에 상반신이 보이는 크기의 거울을 걸어두면 하루를 활기차게 시작할 수 있음

- 집의 외부에서 살이 들어올 때는 아크릴 거울을 사서 살이 들어오는 쪽으로 붙여서 안좋은 기운이 반사되어 나갈 수 있도록 해줘야 함.

물건 버리는 방법

물건은 사용한 사람의 고유의 기운이 남아 있기 때문에 버리는 날짜를 맑은 날을 선택해서 기운을 정화시켜 주어야 한다.

그리고 버리는 시간도 중요한데 오랫동안 방치하여 나쁜 기운이 묻어 있는 물건은 오전중에 버리고, 기억하고픈 물건은 오후 2시~5시 사이에 버리는 것이 좋다.

• 소금 : 물에 풀어서 화장실 청소 후 버림

• 지갑 : 지갑 내부를 펼쳐서 햇볕에 2주 정도 두었다가 버림

• 부적 : 부적 써준 곳에 반납하거나 태워서 재를 변기에 버림

• 신발, 이불, 옷 : 깨끗이 빨아서 버림(돌아가신 분 물건은 소각시킴)

• 깨진 그릇 : 신문에 싸서 검정비닐에 넣음

• 목각 인형, 망가진 인형 : 검정비닐에 싸서 버림

• 액자 : 글자, 그림을 꺼내서 잘라서 버림

• 죽은 화분 : 화초 뿌리 뽑아서 버림

• 본명궁별로 물건 버리는 시간

  − 3목, 4목 : 05~11시 사이

  − 9화 : 11~13시 사이

  − 2토, 8토 : 13~17시 사이

  − 6금, 7금 : 17~23시 사이

  − 1수 : 23~05시 사이

물건의 위치

물건마다 각자의 좋은 방향이 있는데 그 방향을 찾아서 물건을 놓고 사용해야 좋은 기운이 머물러 우리 집안을 더욱 풍요롭게 만들어 줄 것이다.

재물운 금고 방향 : 귀중품, 현금, 보석 등의 위치

반안살 방향(가장이나 회사대표의 기준)

• 인오술(호랑이, 말, 개) = 남서 남향(양띠) 미 07시 방향

• 사유축(뱀, 닭, 소) = 서북 서향(개띠) 술 10

• 해묘미(돼지, 토끼, 양) = 동남 동향(용띠) 진 04시 방향

• 신자진(원숭이, 쥐, 용) = 북동 북향(소띠) 축 01

책상 방향

학업능력이나 승진운을 높여주기 위해서 중요한 것은 책상의 위치와 방향임

• 본명궁에 맞는 방향으로 앉되 문을 열었을 때 등이 보이거나 문과 정면으로 보이면 직충살을 맞을 수 있어서 좋지 않음.

• 벽에 책상을 붙이거나 의자를 벽에 붙여서 앉음

• 벽쪽으로 방향이 맞지 않을때는 의자를 벽에 기대고 앉는것도 좋음

• 책상의 물건은 좌측에 높게 쌓고 우측은 비워 두는게 기의 흐름에 좋음

- 책상방향

본명궁	바라보는(生) 방향	색상
3, 4(木)	북쪽	푸른계열(我) 검정계열(生)
9(火)	동쪽, 동남쪽	붉은계열(我) 푸른계열(生)
2, 5, 8(土)	남쪽	노랑계열(我) 붉은계열(生)
6, 7(金)	남서쪽, 동북쪽	흰색계열(我) 노랑계열(生)
1손(水)	서쪽, 북서쪽	검정계열(我) 흰색계열(生)

거울의 위치

1) 현관문을 열었을 때 정면에 있으면 안됨(화분이나 커튼으로 막아줌)

    현관을 바라봤을 때 우측에 있으면 건강과 출세운에 좋고,

    현관을 바라봤을 때 좌측에 있으면 금전운이 상승함

2) 화장실 문이 방문이나 현관문과 마주치면 건강에 안 좋음. 화분이나 커튼으로 가려주어야 됨

3) 각 방문도 문을 열었을 때 거울이 보이면 안 됨.(나쁜 기운만 반사되면 좋은데 좋은 기운도 반사되어 들어가지 못함)

시계, 텔레비전 위치

시계나 텔레비전 어항 등 활발하게 움직이거나 소리나는 물건은 거실의 동쪽에 놓는 것이 집안을 생동감 있게 만들어주는 활력소가 됨

식탁의 위치

식탁은 벽에서 10센치 정도 띄워야 양의 기운이 막힘없이 순환된다. 벽에 붙은 아일랜드 식탁은 수납공간으로 씽크대와 같은 용도로 보면됨.(보조식탁)

침대의 위치

1) 침대는 방 한가운데 있으면 이혼이나 별거할 가능성이 많다.

2) 침대에 누웠을 때 화장실이 정면으로 보이면 가림막을 해야 된다.

3) 방문을 열었을 때 머리나 발바닥이 보이면 안 됨.(헤드나 파티션(가림막)이 있어야 됨) 머리 방향에 창문이 있을 시에는 높은 침대 헤드를 설치하거나 두꺼운 암막 커튼을 치고 잠을 자야 된다.

집안에 안 좋은 곳 10가지

1) 냉장고와 전자레인지 또는 개수대와 인덕션을 나란히 놓거나 위 아래로 겹쳐서 놓게 되는 경우에는 좋지 않다. 뜨거운 불의 기운인 火의 기운과 차가운 물의 기운인 水의 기운이 서로 부딪치게 되어 집안에 시끄러운 일이 발생되는 원인이 되기도 한다. 어쩔 수 없이 붙여서 배치를 하게 되는 경우에는 충돌하는 제품의 중간에 木의 기운인 푸른색의 천이나 가리개를 놓아서 극하는 기운을 생하는 기운으로 전환시켜 주어야 된다.

2. 두꺼운 소재의 커튼을 사용하면 재물이 늘어나지 않는다.
   집안의 커튼은 침실일 경우에 두꺼운 커튼이 좋지만 거실이나 주방은 외부의 안좋은 기운은 막아주고 집안의 좋은 기운은 새어나가지 않도록 얇으면서 바깥 풍경이 보이는 커튼이 좋다. 거실의 커튼은 무늬가 너무 크고 많으면 집안이 편안치 못하고 재물이 줄어들게 된다. 무늬가 없거나 차분한 색상의 꽃무늬가 가장 무난하다.

3. 인물화나 추상화는 집안에 좋은 기운을 가져올 수 없으므로 피한다.
   인물화나 추상화는 침실에는 걸면 안 된다. 멋진 작품이 있다면 거실이나 현관 복도 등에는 한 두점 정도 걸어도 괜찮다. 집안에는 꽃 그림을 적절히 걸어 두는 것이 좋다. 가족사진도 풍수로 볼 때 가장 좋은 아이템인데 이는 거실에 걸어두어야 하고, 현관문을 열고 정면에 바로 보이면 좋지 않다. 가족사진은 현관 복도에서 거실 사이에 걸어두는 것이 가장 좋다.

4. 유리나 대리석 테이블은 음기가 강해 가족들의 기운을 빼앗기게 된다.
   유리나 대리석 소재의 테이블을 사용할 때는 커버를 씌우고 매트를 깔아서 음의 기운을 중화시켜 주어야 된다.

5. 너무 커다란 거울은 사람의 기운을 빼앗는다. 최근 분양하는 아파트는 붙박이 거울이 설치되어 있는데 너무 큰 거울은 오히려 사람의 기운을 빼앗을 수 있으므로 화분이나

그림을 이용해 절반 정도는 가려주는 것이 좋다. 간혹 현관 왼쪽 오른쪽 전면을 거울로 마감하는 경우가 있는데, 이는 풍수로 볼 때 마주 보는 거울의 기운이 충돌할 수 있어서 집안이 평안치 못할 수 있기 때문에 집안의 거울은 최소한으로 두는 것이 좋다. 특히 현관은 한쪽 벽에만 거울을 설치하는 것이 좋다.

6. 침실이 너무 밝은 것은 좋지 않다.

양택 풍수로 볼 때 침실의 등은 아늑하고 어두워야 운이 좋고 재물이 쌓인다. 방안에 큰 창문이 있다면 커튼을 설치해서 외부의 빛을 조절해야 한다.

7. 기하학적 무늬나 사선 무늬의 커튼은 공부하는 학생에게 좋지 않다.

자녀가 시험에 준비하고 있다면 세로 스트라이프 무늬나 단색의 커튼을 설치해주는 것이 집중력에 도움이 된다.

8. 침대 커버와 커튼이 다 같이 화려하면 좋지 않다. 침대 커버와 커튼은 한쪽이 무늬가 있으면 다른 하나는 무늬가 없는 단순한 것으로 만들어 음양의 조화를 이루도록 해야 편안한 숙면을 취할 수 있다.

9. 방문을 열면 정면으로 책상이 보이거나 의자에 앉은 등이 보이는 위치에 책상이 있게 되면 방문으로 들어오는 기운을 직통으로 받게 되어 정서적으로 불안한 심리가 작용하게 된다. 그러므로 방문을 열었을 때 대각선 방향 혹은 옆면에 책상을 벽에 붙이거나 의자를 벽에 붙이고 공부할 수 있도록 배치 해주는 것이 집중력을 높이고 안정감을 줄 수 있는 위치이다.

10. 수족관을 설치하면 연애운이 줄어든다.

집안에 어항이 있을 경우에 건강운과 금전운은 좋아지지만 연애운이 줄어들기 때문에 혼기가 꽉찬 자녀가 있는 가정에서는 되도록 어항을 놓지 않는 것이 좋다. 이미 어항이 있다면 물고기를 없애고 물만 담아 두는 것은 괜찮다. 중년의 부부가 사는 집이라면 수족관을 동쪽, 남쪽, 남동쪽에 두는 것이 생동감 있는 집안을 만드는 데 좋다.